誰も教えてくれない

マイホーム建築の罠

佐々木 孝

NPO法人ハウジングネットコンシェルジュ
代表理事

はじめに

「多くの住宅会社は顧客をだまして暴利を貪っている」

これが２００２年からのＮＰＯ活動で得た私の結論です。

「住宅会社が顧客をだます、とは言い過ぎではないか？」そう思う方もいることでしょう。しかしこれは事実です。嘘だと思うのでしたら住宅展示場に行ってください。そこで出てくる見積書の大半が建設業法の指示に反しています。彼らは法律を無視して契約を取っていると言わざるを得ません。

　その理由は簡単です。

1．客をだましたほうが儲かるから
2．素人は簡単にだませるから
3．法律を無視しても罰せられないから

　そして、多くのひとが数百万円から一千万円以上の被害を受けています。それはとてつもなく大きな被害です。
しかし、建築に関する知識のないひとは、自分がだまされたことすら気付きにくいものです。契約前にだまされていることに気付くひと。契約後に気付くひと。完成後に気付くひと。30年経って気付くひと。ずっと気付かないひと……。

本当はすでに家を建てたひとにはこの本は読んでほしくないのです。ショックを受けることは必至ですから。

最初から過激な発言で申し訳ありません。私は佐々木孝と申します。宮城県仙台市でNPO法人ハウジングネットコンシェルジュという住宅問題に対応するNPO法人の代表でございます。主に住宅トラブルなどに対応した個別相談、セミナー、施工チェックなどを行っています。また個別相談では週末に欠陥住宅の相談、見積書や契約書のチェックなどを無料で行っています。

2002年からこの活動を始め、述べ2千人以上の家造りの悩みを伺い、またたくさんの職人さんから内部情報を聞きました。悪徳業者と対峙したことも幾度となくあります。そしてこの十数年、多くの住宅被害者のひとと苦楽を共にしてきました。

私たちの活動は新聞や公的機関など、さまざまな場所で話題となっており、平成15年２月12日には宮城県知事からの依頼で２００人もの宮城県庁職員に2時間の講演を行い、好評をいただきました。また、平成１８年1月３０日には茨城県から依頼を受け筑西合同庁舎で１５０人を前に講演をさせていただきました。

本書では、欠陥住宅や住宅問題の知られざる惨状を書いています。そして欠陥住宅を防ぐための具体的な方法もご紹介いたします。それと同時に低コストで質の高い家を建てるコツもお教えします。きっと皆さんが今まで持っていた住宅の常識は一気に覆ってしまうことでしょう。

本書に出てくる体験談は匿名ですが、すべて私たちＮＰＯ法人に寄せられたまぎれもない真実です。何も知らない施主さんをだまして大きな顔をしている住宅会社にはもう耐えられません。13年間蓄積した膨大な情報をすべてここに詰め込みました。これから家を建てようと考えている皆さんには絶対に役立つ情報です。

家を建てる予定のあるひとはぜひこの本を読んでください。何も知らずに家を建ててしまうと、あなたも被害にあい、多額の損失を出してしまうかも知れません。

本書が注目を集めれば、私どもＮＰＯ法人は悪い業者からバッシングを受けるかもしれません。今でもネットなどでの嫌がらせは多少ありますが、さらにひどくなることでしょう。それでも覚悟を決めました。

この本を読めば、

●住宅業者にだまされずにすみます
●建築業界で起こっている問題の全貌がわかります
●欠陥住宅を防ぐためのチェック方法がわかります
●長持ちする安くて良い家が建てられます

私たちは宮城県だけで活動する小さい組織です。ですからあなたに何かを売るためにこの本を書いている訳ではありません。この本を手にとったあなたが信頼できる業者さんを見つけて、良い家を建てていただければこれに勝る喜びはありません。どうかしっかりと最後まで読んでいただき、現状を知り、ここに書いている対策方法を実践してください。

この本がみなさまの「家作り」にお役に立てれば幸いです。

ＮＰＯ法人ハウジングネットコンシェルジュ代表
佐々木　孝

目次

1章 日常化している住宅建築に関わるトラブル

01 住宅建築で泣いているたくさんのひとたち……16
02 建てたひとも気づいていないあなたの家の価値……26
03 家を建てる前に知りたい住宅業界のゆがみ……28

2章 住宅問題の根本的な原因とそれを防ぐ方法

01 原因1 住宅建築の業界はぼったくりバーと同じ体質 …… 36
02 原因2 経費の高さがトラブルの主な原因 …… 39
03 原因3 悪徳業者でも処罰されない法律の抜け穴とは …… 43
04 原因4 知識が不足している施主だけが陥る悲劇とは …… 51
05 原因5 住宅トラブルの実態は世の中に伝わりにくい …… 55
06 住宅建築に関わるトラブルを防ぐために行うべきこと …… 57

3章 多額の費用が上乗せされる見積トラブル

01 見積トラブルとは？ …… 66
02 見積トラブルにはパターンがある …… 74
03 良い見積書の例を知っておこう …… 78
04 見積トラブルの事例集 …… 88
05 見積トラブルの具体例 …… 96
06 仮契約は本契約と同じ！ …… 102
07 見積トラブルを防止する方法 …… 105

4章

契約トラブルが施主さんを苦しめる

01 契約トラブルとは？ 110
02 施主に不利な契約書の具体例 114
03 契約が守られない具体例 127
04 契約トラブルの防止法 132

5章 欠陥住宅の実例と原因

01 欠陥住宅とは？……138
02 欠陥住宅の具体例……142
03 なぜ欠陥住宅は生まれるのか……146
04 欠陥住宅の防止法……154
05 安心な家の建て方……159

6章 安全に、安くて良い家を建てる方法

01 住宅会社の選び方……172
02 大手住宅メーカーの特徴と選び方……175
03 ローコストメーカーの特徴と選び方……180
04 工務店の特徴と選び方……189
05 長持ちする家が建てにくい、これだけの理由……195
06 住宅のプロが自宅を建てる方法……201

1章

日常化している住宅建築に関わるトラブル

急にどうしたの
アナタ
住宅展示場なんて
ふっふっふ
俺たちもそろそろ
マイホームを建てたい
と思ってな
Cafe
マイホーム！
そんなこと
考えてくれてたの！
へえー！
ほら
ここって大手だろ
ついでに相談にも
乗ってもらおうと
思ってるんだ
一生に一度の
買い物だし
慎重にいかないとな
そうね あ！
だったら別の大手業者
にも行って
みましょうよ
おう 何件か
周ってみて・・・
ちょっと待ってください！
とつぜん
すみません!!
誰!?
きゃあっ

突然すみません
私はNPOハウジングネットと申します
一戸建てのマイホームをお考えのようですが・・・トラブルなく建てるための方法をご存知ですか？
え!?トラブルって・・・
知らない・・・
あ！欠陥住宅が心配ってことかしら
もちろんそういったこともありますが打ち合わせや契約時施工過程・完成後と様々な場面でトラブルが起こる可能性があるんです
いやいやちゃんと大手の業者に任せるつもりだし・・・
そうよ大丈夫よ
それが間違いなんです!!
ぐっ
!!?

01 住宅建築で泣いているたくさんのひとたち

住宅に関するトラブルはどこでも起きる！

「苦労して手に入れたマイホームなのに、悲惨なトラブルが次々に発生する！」と聞けば、あなたは何を思い浮かべますか？

もし、これからあなたが「一戸建てのマイホームを手に入れよう」と考えているのであれば、家が傾いている、雨漏りなどの漏水《ろうすい》といった「欠陥住宅」に関するトラブルを思い浮かべるのではないでしょうか？　しかし、住宅建築のトラブルは「欠陥住宅」だけではなく、打ち合せ、契約、施工過程、完成後など、じつにさまざまな場面で起こっています。住宅トラブルは決して他人事ではなく、「マイホームを建てよう」と動きだした過程の中でどこでも起こる可能性があると断言できます。

あなたはこれから手に入れるマイホームをトラブルなく建てるための方法を、具体的に知っていますか？　まさか、大手の業者に任せておけば安心、などと思っていませんよね？

住宅建築に関するトラブルは自然と消えていく？

マイホームを建てるとなれば、数千万円規模の多額のお金が必要です。多くの人にとって、「一生に一度の大きな買い物」であることは間違いありません。そんな重大な買い物をした結果、購入した住宅に不具合があったり、販売者にだまされたりしたら、あなたは悲しく悔しい気持ちになるでしょう。いや、その程度ではおさまらず、「大金を支払ったのに、ひどい目に遭わされた！」と怒りをあらわにするでしょう。車や電化製品でさえ、商品に不具合があればリコールされます。マイホームは数千万円規模の買い物ですから、センセーショナルな話題としてメディアに取り上げられても不思議ではありません。

しかし実際には、欠陥住宅に関するほとんどのトラブルは、メディアに取り上げられることはありません。メディアが扱わないことが多いため、一般市民にトラブルが周知されることもありません。結果的に、マイホームに関するトラブルは当事者以外に知られることなく、トラブル自体が自然と沈静化していくのです。

なぜ、住宅建築に関するトラブルは、後を絶たないのでしょう？

なぜ、住宅建築に関するトラブルは、告発されないのでしょう？
なぜ、住宅建築に関するトラブルは、メディアが取り上げないのでしょう？

本書を読み進めていくうちに、これらの疑問はすっきりと解消されていきますが、まず、本書の冒頭ではっきりと明言しておきたいことがあります。それは、「住宅建築に関するほとんどのルールは、お金を支払う側である施主《せしゅ》に非常に不利な仕組みになっている」ということです。大げさにいえば、顧客をだましやすいルールであるといっても過言ではないでしょう。

全国的に有名な大手の住宅メーカーでさえ「顧客をだましやすいルール」に則ってビジネスを展開し、今日も日本のどこかで施主を泣かせているのです！

一般人の非常識は「業界の常識」

じつは本書に書かれていることは、住宅業界にいる人なら誰でも知っています。営業マンも現場の人間もそれぞれが当事者ですから勿論知っていますが、彼らが一般人に話すことはまずありません。なぜなら、これからマイホームを建てようとしている人に建築業界の「顧客をだましやすいルール」の存在を話せば、誰もが住宅建築に対して慎重になり、これまでのように仕事が成り立たなくなるからです。もし、話すとすれば家族や一部の親友だけでしょう。当然のことながら自分が大切に思う人には損をさせたくはないですから。

たとえばこんな話があります。

Ａさんは家を新築することになり、住宅メーカーに勤務している弟の成績になればと思い依頼しました。

大喜びで引き受けてくれると思っていたのに、予想に反して「残念だけど、兄弟仲良くやっていきたいから断るよ」と言われたそうです。

なぜ弟さんは、兄弟であるＡさんからの依頼を断ったのでしょう？

納得いかないＡさんでしたが、弟さんはＡさんを拒絶したのではなく、本当に大事な身内だからこそ断ったのです。

新築の依頼が身内ではなく、単なる知り合いだったなら、Ａさんの弟はすぐに営業マンを紹介して、会社から評価をもらっているはずです。Aさんの弟が断った本当の理由は、「顧客をだましやすいルール」により身内であるAさんを不幸にしたくなかったからです。兄弟の大切なマイホームだからこそ、弟さんの良心が痛んだのでしょう。

ちなみに、この話と同様に、家族や友人から新築を引き受けてもらえなかったという相談を、私たちは何件も受けています。

さまざまな住宅問題の原因ははっきりしている！

「さぁ、念願のマイホームを手に入れよう！」そう決めてから入居までの日々は、家族にとって最高の時間であるはずです。家族で休日に住宅展示場を訪れ、理想のマイホームについて家族で話し合うのはとても楽しいものです。そして家が完成すれば、家族会議で決まった必要なものを購入しに行ったりと、その過程すべてに家族全員の夢や希望が詰まっています。想像しただけでもワクワクしますよね。

その反面、そんな家族の幸せの縮図のような想像とは裏腹に、マイホーム建築に着手したことで泣いている家族もたくさんいるのです。

住宅展示場の罠に注意

家を建てようと考えたとき、多くの人はどんな家にするのか参考にするために、またどの住宅メーカーに頼むか検討するために住宅展示場に行きます。そして、ほとんどの人は、住宅展示場でいろいろな住宅を見学し、帰宅して家族で改めて話し合い、最終的な決定を下すことになるのですが、そのときに、展示場にいる熱心な営業マンにほだされ、ついつい「見積書」を作成してもらうケースが多く見られます。これが間違いの元なのです。

実際、購入する側としては「家族の希望と予算が見合うのかを知りたい」と思うものですし、おおよそであっても見積書があれば、家族の希望をどこまで叶えられるのかの判断材料にできる、とも思います。

見積書の後は、契約、そしていよいよ建築が始まります。しかし、どこかの段階で「これはおかしい」と感じるようになります。

なぜ高額な住宅の契約なのに、ゆっくり家族で考える時間すらないほどに契約を急がされるのか？

なぜ一式見積書だけで、詳細が記載されている明細見積書がもらえないのか？

なぜ契約前は親身だったはずの営業マンが、契約後の質問には説明が不十分で対応に不安が残るのか？


そして契約後、なぜか1000万円以上も金額が上積みされていることもよくあります。

契約書の内容が一方的で、圧倒的にこちら側（施主側）に不利になっていることは、珍しいことでもなんでもありません。


これだけ不愉快な契約と施工を経て、ようやくマイホームが完成した後も、トラブルは続きます。

- 打ち合せどおりに建たなかった！
- 欠陥住宅ではないのか？　基礎がヒビ割れだらけだ！
- 営業マンと交わした約束が守られない！

などなど、嘆きの声が施主たちから溢れてくるのです。

契約時に感じた「これはおかしい」という疑問や問題が、契約後、完成後、完成数年後と時間が経つにつれ深刻化していきます。

- こんなに早く家が劣化するなんて…。まだローンも途中なのに
- 修理を依頼したらとても高額なので困っている
- 修理ができないと言われた。まだそんな古くないのに…

といったような悩みを抱えながら、完成から数年ほど経ってから私たちの元へ相談を持ちかけてくるのです。

契約してしまえば、住宅トラブルの解決は不可能に近い

このように、さまざまな住宅建築における疑問や悩みの声が上がっているにもかかわらず、解決は非常に困難です。なぜなら、住宅建築の契約、施工、完成後における「住宅建築に関するほとんどのルールは、お金を支払う側である施主に非常に不利な仕組みになっているからです。例えば契約の方法を見ても、展示場で営業している住宅メーカーの80％以上が、トラブルになりやすい、施主からしてみれば非常に迷惑な方法で営業しています。

また60％以上が欠陥住宅である可能性もあるのです。これらの問題の多くが全国組織の住宅メーカーで起こっていることから、被害は全国に及んでいることは容易に想像できます。

あなたの家づくりは間違っていないか？

次ページのフローチャートは、「危険な家の建て方」のもっとも一般的な例です。

あまりにも理想とかけ離れたマイホームに呆然とし、我々の元へ相談へ訪れる施主たちにこの12段階で表したフローチャートを見せると、まず間違いなく、「私のことだ」と自覚します。つまり、わずか12段階のフローチャートで表した工程の中に、住宅トラブルが発生するほとんどの問題点が詰まっているのです。

これから家を建てるひとは、フローチャートを見てもピンとこないでしょう。しかし、本書を読み進めていけば必ず、はっきりとした問題点が理解できるようになり、回避しがたいトラブルを必ず回避できるようになります。

危険な家の建て方

おおよその予算を決める

↓

住宅会社に会う

↓

概算見積書（本体工事）

↓

仮の図面

↓

建築請負契約（これ以降は解約違約金が発生）

↓

銀行の仮審査（かなり高めに出す）

↓

不動産会社に会う

↓

土地を決める

↓

土地契約

↓

図面の確定

↓

仕様の確定←ここで金額が上がる（付帯工事、オプション工事確定）

↓

建築金額の確定

↓

融資申し込み

02 建てたひとも気づいていないあなたの家の価値

あなたの家の本当の価値は？

家を建てるひとは「ローンが終われば、家と土地が自分の財産になる」と考えます。もちろん、それは間違いではありません。

では、ここで質問です。あなたの家を建築後30年経ってから売ろうとしたとき、いくらの査定価格がつくと思いますか？　数千万円で購入したのだから、それなりの価格になるのではとお考えでしょうか？

家の寿命は約30年。一般的には20年程度で、家の査定はゼロになります。

建てるときには多くのひとが35年ローンを組みます。ところが家の寿命は平均30年と国土交通省からも発表されています。売却しようとするときには、築20年程度経っていると査定がゼロになることが多く、もっと古くなると逆に解体費がかかることすらあります。

このような状態では、ローンを払い終える前に家の寿命が来てしまうかもしれません。建て替えるにしても、リフォームするにしても、新たに資金が必要です。しかし、家のローンを払い終える頃には世帯主は退職し、職がない状態では銀行もなかなか融資をしてくれず、ローンが組めないというひとがほとんどでしょう。

30年も快適に住める家は稀《まれ》な建物

家の平均寿命は30年。しかし、私は30年も快適に居住できる家は稀だと思っています。5年、10年、15年と経過すれば、必ずどこかしらに「ガタ」がきます。それほど、近年の戸建て建築はお粗末な作りが多いのです。

住宅建築に関わる問題点は、2章以降で詳しく解説していきますが、ここでご理解いただきたいのは、家の価値を長く保ちたいのなら「業者にお任せでは絶対にダメだ」ということです。多くの業者が、長持ちする家を建てようとしていないからです。残念なことではありますが、契約の前段階から施主が積極的に関与しないと、良い家は建ちません。

03 家を建てる前に知りたい住宅業界のゆがみ

建築業界のゆがみとはなにか？

住宅業界では、住宅建築における法律がうまく機能していません。

例えば、公共工事や大きなビル工事などでは施工業者と監理業者は別になっています。監理業者は施工業者の施工を厳しく検査し、手抜き工事が起こらないように徹底して監理します。工事監理を一言で表せば、「設計図に照らして、設計図のとおりに工事が行われているかをチェックする業務」です。この工事監理がなぜ必要なのかというと、公共工事や大きなビル工事などで万が一、手抜き工事が原因で事故などが起これば、その被害規模や被害総額はとんでもないことになります。ですから徹底的に監理し、そのような事態を防ぐ必要があるのです。

ところが戸建て住宅の建築だけは、施工業者が監理を行います。つまり「顧客をだましやすいルール」の下で作業する施工業者と、それを監視すべき監理業者が同じなのです！

こんな状態で厳しい監理ができるでしょうか？　自分の都合で建材を変えたり、基礎工事を怠ったりしても、誰もとがめる人はいないのです。

こうした施主側に不利な仕組みが住宅建築にはたくさんあります。そのためにトラブルが頻繁に起きているというのが私の結論です。これから解説する欠陥住宅も、契約トラブルも、見積トラブルも、原因はたったひとつ。「顧客をだましやすいルール」を利用して簡単に儲けようとする業界の体質に他ならないのです。

これから家を建てる人は、この事実をしっかりと認識して、どうすれば良い家を建てることができるのか、真剣に考えてほしいものです。

NPO法人ハウジングネットの3つの特長

「なぜあなたたちだけが『顧客をだましやすいルール』を利用して簡単に儲けようとする業界の体質について話せるのですか？」と思われるかもしれませんね。私たちは大きな団体ではありませんし、地方のNPO法人にすぎません。しかし、私たち以外にこのようなことを説明できる人はいないはずです。

その理由は3つあります。

第一の理由。私たちは、住宅建築のトラブルの防止・解決に取り組み続けてきた結果、膨大なノウハウを蓄積できたからです。

一般的に、住宅の建築時にメーカーから提示される見積りや契約書をチェックする業務は単価が安く、２～３万円程度の利益にしかなりません。そのため、積極的に取り組む団体や企業はほとんどないのです。

しかしながら私たちが組織する「ＮＰＯ法人ハウジングネットコンシェルジュ」は、２００２年から住宅建築のトラブルに取り組んできました。その結果、２０００件以上もの住宅建築のトラブルや悩みの相談に応じることができたのです。特に住宅の着工前に交わす契約と、その見積りが原因で発生するトラブルに関しては、私たち以上に経験を積んでいる団体はないでしょう。後述する住宅メーカーとの間で起こり得るトラブルを回避する方法も、この経験に基づいて紹介しています。

第二の理由。私たちは、住宅業界ににらまれても怖くないからです。

一般的な建築事務所は、大手の住宅メーカーから設計業務を「下請け」として受注しています。そして、住宅の設計業務を収益の柱として経営を成り立たせています。そのため、元請である住宅メーカーの不利になる発言や行動はできません。しかし、私たちは住宅建築の支援団体であるため、住宅の設計業務を一切行いません。施工チェックのみで利益を得ている建築事務所です。そして施工チェックも、チェック業務の依頼そのものも、すべて住宅の施主であるご本人から依頼を受けています。住宅業界の顔色をうかがう必要が一切ないので、業界のゆがんだ部分に関してなんでもお話しすることができるのです。

第三の理由。私たちは、住宅建築に関わるトラブルを解消してきた結果、社会的な信頼を得ることができたからです。

２００５年には宮城県庁が施行した「みやぎ版注文住宅供給システム構築事業」がスタートしましたが、その際、当法人は宮城県庁からの依頼で「価格透明度」という規格を作成しました。これは見積書トラブルの予防に役立ち、多くの消費者から賛同を得ることができました。

また、大学系の福祉施設である「介護老人保健施設せんだんの丘」と連携してバリアフリー改修事業に取り組み、その結果、国土交通省から1億円の助成金枠をいただいたこともあります。これ以外にも、宮城県庁や茨城県庁に招聘《しょうへい》されて住宅建築トラブルのテーマで講演を行なったり、フジテレビの特集番組で悪徳住宅業者を追求し、対決したこともあります。さらに、住宅業界の業界紙である「日経ホームビルダー」でも、私たちの個別相談での取り組みが取り上げられたことを筆頭に、新聞やテレビ番組で欠陥住宅、住宅詐欺に関する取材を受けたことは数えきれないほどあります。

このように、住宅建築に関するトラブルを防止し、トラブルの解決に取り組み続けてきたことが実績として積み重なり、「信頼できるＮＰＯ法人」として社会的に認めてもらうことができたのです。

テレビ番組で建築問題について語る著者

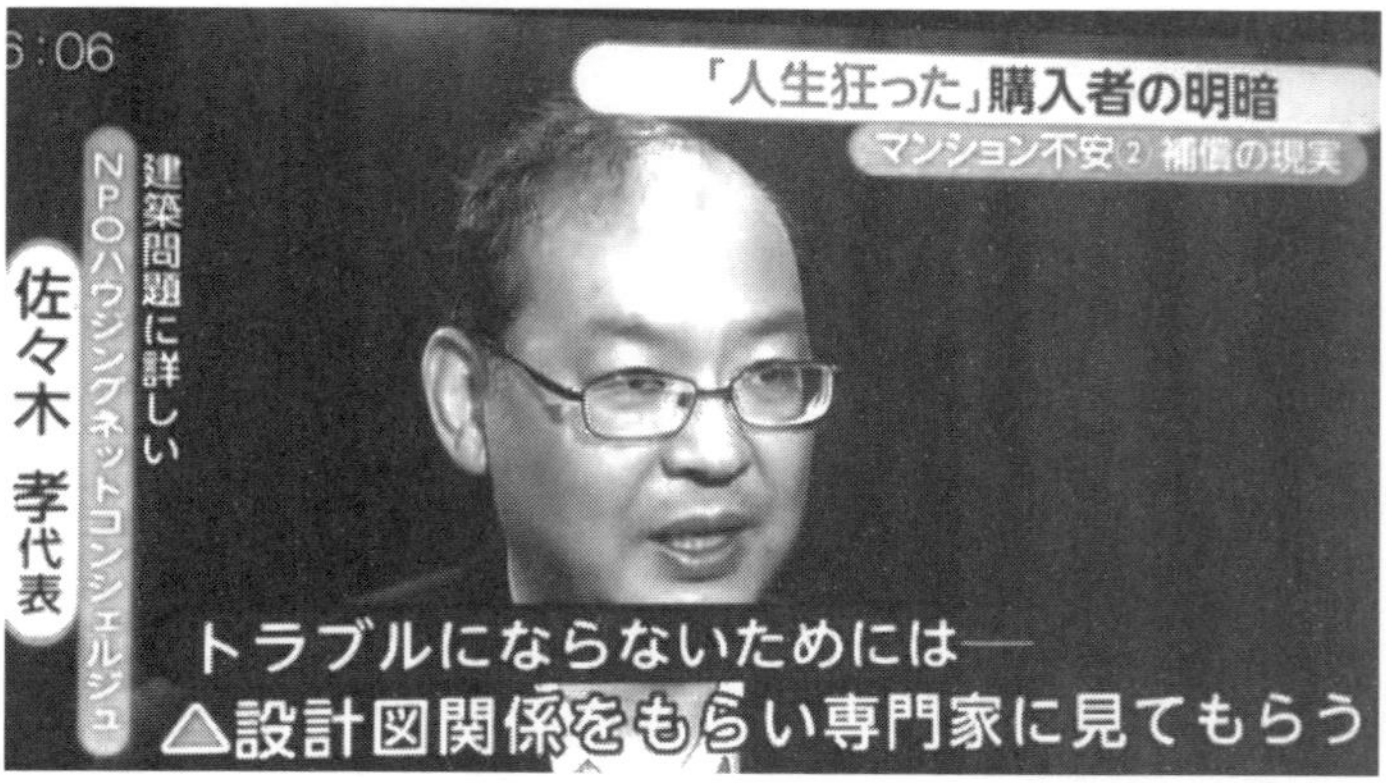

NPO法人ハウジングネットのコンシェルジュとして、テレビ番組でたびたびコメントをさせていただいています。住宅を作る側の実態を、少しでも世の中に広めることができればと奮闘しています。

2章

住宅問題の根本的な原因と それを防ぐ方法

ガーーン
そんなあ・・・
こんなに誠意のない
業界だなんて・・・
これじゃ
マイホームなんて
不安で建てられ
ないよ〜
うわ〜〜
ちょっと
待ってよ！
ガタッ
どうして
お金を払う側が
こんなに不利に
なっちゃうの!?
ええ
そこには
主に5つの
原因があるんです
スッ
5つの原因？

1：リピートしないビジネスなのでお客を大事にしない
2：間接費(経費)が高い
3：法律の抜け穴が多すぎる
4：施主側が安心して業者に任せすぎ(知識不足)
5：被害者の情報が周囲に伝わっていかない
①
塗料
COLOR
②
③
よくわかんないから
お任せします
④
⑤
私はこんなトラブルに
あったのよー!!
これのどんなところが不利になるの？
はい それでは『顧客が騙されやすいルール』や『施主側に不利な仕組み』の実態についてご説明します！

01

原因1　住宅建築の業界はぼったくりバーと同じ体質

世の中のほとんどの商売はリピート商売

世の中にはたくさんの商品やサービスが溢れていますが、ほとんどすべての商売がリピート商売であるということをご存知でしょうか?

リピート商売というのは、商品を購入したお客様が再び同一商品を購入することによって、何度も利益を得られる商売のことです。例えば、スーパーやコンビニで買い物をして商品を購入する、美容室で髪を切る、電車に乗る、といったようなことです。意識はしていないでしょうが、何度も繰り返し利用していることに気づくはずです。

企業をはじめ商売を行っている人たちは、リピートしてもらえるようにお客様に誠意を尽くし努力します。何度もリピートしてくれるお客様が多くなればなるほど、安定して利益を得ることができるからです。

このようにリピート商売は「お客様の立場にたった、お客様が喜ぶ商品やサービス」を提供する必要があるのです。もしお客様に「この商品はダメだ」「ここの接客はひどい」などと判断されれば、二度と利用してもらえなくなって、利益を失うことになります。

住宅建築の世界は個人のリピーターを想定していない

世の中の商売のほとんどがリピート商売である中、リピートされない商売がほんのわずかですが存在します。

有名なのは「ぼったくりバー」です。リピートしなくても良いと思っているお客様を相手に、1回当たりの暴利をむさぼります。

そして残念なことに、「住宅建築」もまったく同じなのです。

あなたが家を建てたとします。次に家を建てるのはいつですか？　きっと2軒目を建てる予定はないはずです。つまり住宅メーカーにとって、あなたは「これっきりのお客様」になる可能性が非常に高いのです。

「もう二度と顧客として接することはない。それならば、誠実に対応して適切な利益をもらうより、ルールを利用してたくさんの利益を取ったほうが得である」と考えているような住宅メーカーが非常に多いのです。

あなたやほかの客から得た余分な利益で住宅メーカーは新たな広告を出し、新しいカモを住宅展示場におびき寄せる。これが、悪質な住宅メーカーのビジネスモデルです。一般的な「お客様の立場にたった、お客様が喜ぶ商品やサービス」を提供するというリピート商売の考え方は、現在の住宅業界にはほとんどありません。この事実をぜひ覚えておいてください。有名な大手の住宅メーカーだからといって安心はできません。

儲けている会社は「だますのがうまい会社」

もちろん、すべての住宅メーカーがお客様をだまして利益をむさぼる、ぼったくりバーのようだといっているのではありません。誠実に仕事をしてお客様に満足してもらっている住宅メーカーもあります。しかし、お客様のために誠実な仕事をすればするほど、彼らは儲かりません。住宅業界に存在する「顧客をだましやすいルール」は、誠実な仕事をする住宅メーカーにとっても不利な仕組みでもあるからです。

つまり、「儲けている会社はお客様をだますのがうまい会社」なのです。

これが「住宅建築業界のゆがみ」となる第1の原因です。

02 原因2　経費の高さがトラブルの主な原因

住宅メーカーに必要な経費の実情

「住宅建築業界のゆがみ」となる第2の原因は、経費です。

住宅メーカーの経費について、『日経ホームビルダー2010年4月号』の中で中堅住宅メーカーが暴露していたので紹介しましょう。

「社員30人の人件費、複数の事務所経費、モデルハウス出店費、広告費など固定費が増加し、住宅価値もブラックボックス化し、粗利益率を40％超に設定せざるを得なかった」

この記事に書かれている住宅メーカーは、仙台で住宅展示場を建てて営業をしていたのですが、仙台から撤退した後に日経誌で情報を暴露したのです。

この記事に書かれている、「粗利が40％超」に着目してください。この会社は有名会社ではなく、年商10億円程度の中堅メーカーです。それでも経費を捻出するため、粗利を40％以上も乗せないと経営が成り立たなかったということですから、大手住宅メーカーや有名ローコスト会社であれば、これより粗利が多いのは間違いないでしょう。なぜなら、大手住宅メーカーや有名ローコスト会社が使う広告宣伝費、営業経費は、中堅メーカーの比ではありません。大きく有名になればなるほどこういった費用が多くなるので、それらを捻出するために粗利をより大きくする必要があるのです。

ほかにも住宅メーカーの粗利について、こんな記事もあります。

「ハウスメーカーの家の値段には住宅展示場の管理維持費（1棟につき1億円と言われる）広告宣伝費（朝日新聞と読売新聞の広告だけでも5〜10億円）などの膨大な金額が含まれている。4割から5割はそれだという人もいる。企業利益も当然加わるから家の原価は半値以下ということになる」

※雑誌『室内』（工作社）２００1年11月号から引用

住宅メーカーが存続するために必要な経費は、家の原価に上乗せするしかありません。仙台の場合、工務店が建てる一般的な注文住宅の価格は4LDK、36坪で2000〜2500万円くらい。ところが大手メーカーの最終的な価格は、同じ仙台で、同じ間取り、同じ坪数で、平均2800〜3300万円くらいにつり上がります。

建築現場で働く人が儲からない!

経費をふんだんに使った住宅メーカーの経営は、いろいろな悪影響を建築の現場に及ぼします。

まず、住宅メーカーが経費を原価へ上乗せしてしまうと、実質の原価が減ることになるので建築を請け負う会社の経費が減ることになってしまいます。つまり、実際の建築現場で働く人たちの人件費が削られてしまうのです。

建築現場で長期に渡って丁寧な仕事をしていると、現場の経費がかさみ資金回収ができなくなるので、短工期で工事を進めることになります。また現場に適正な経費が回らないということは、材料のグレードが安いものに下げられている危険性もあります。このように適正な経費が回らない現場の状況が、欠陥住宅を生む一因となるのです。

住宅メーカーは、お客様が希望する価格で家を建てるために、一番簡単に削減できるはずの広告宣伝費、営業経費を削減するのではなく、大切な材料や工事手間という家の原価を下げます。そして家の原価を下げてそこに広告宣伝費、営業経費を乗せて希望価格にあわせるのです。それが大手住宅メーカーや有名ローコストメーカーの考え方です。これでは良質な家など、とても建てることはできません。

経費が異様に高く、そのために原価や人件費が犠牲になっている。これが「住宅建築業界のゆがみ」となる第2の原因です。

経費をたっぷりと使って作り上げるテレビのコマーシャルは、それは素晴らしい出来栄えですし、住宅メーカーがスポンサーとなってつくられる番組は、どれも素晴らしい外装やインテリアばかりです。これからマイホームを建てようとしている多くのひとたちに好ましい印象しか与えません。しかし、こうした素晴らしい演出は、過去に家を建てたひとたちが支払った代金で賄《まかな》われていることを忘れてはいけません。

家の代金に経費を上乗せすること事態は企業が成り立つためには仕方がないことです。しかし代金に経費が過剰に上乗せされていることを知らずに契約してしまうからトラブルが生じることになるのです。このことを忘れてはいけません。

03 原因3　悪徳業者でも処罰されない法律の抜け穴とは

建設業法は抜け穴だらけ

「住宅建築業界のゆがみ」となる第3の原因は、法律の抜け穴です。なぜ住宅建築はトラブルが多いのかというと、その理由には住宅に関する法律には罰則がない、または甘いというものがたくさんあるのです。住宅建築でトラブルが発生する最大の原因で、諸悪の根源でもあります。

例えば第2の原因でも述べたように、明細見積書を出さない会社がたくさんあります。公共工事では、施主側が契約前に明細見積書を提出することを条件にします。しかし一般の住宅建築では、明細見積書の提出を条件とする施主さんはほとんどいないため、明細見積書が契約前に提出されることは極めてまれです。建設業法では明細見積書の提出を掲げていますが、大部分の会社が守っていないのが現状です。

以下に建設業法の一部を掲載します。

建設業法
（建設工事の見積り等）
第20条
1　建設業者は、建設工事の請負契約を締結するに際して、工事内容に応じ、工事の種別ごとに材料費、労務費その他の経費の内訳を明らかにして、建設工事の見積りを行うよう努めなければならない。
2　建設業者は、建設工事の注文者から請求があったときは、請負契約が成立するまでの間に、建設工事の見積書を交付しなければならない。

「建設業法」では、このように記載されているにもかかわらず、なぜ守られていないのか解説しましょう。

まず、正確な明細見積書を顧客に提示すること自体が、「努めなければならない」という努力目標になっているのです。

2項では見積書の交付が義務化されていますが、こちらでは1項にある「工事の種別ごとに材料費、労務費その他の経費の内訳を明らかにして」という部分が削除されています。つまりこれらの記述から、「明細見積書を出さなくても違法ではない」という見解が成立してしまうのです！

この「抜け穴」を利用して、ほとんどの会社が不十分な一式見積書を提示してきます。工事の種別ごとに材料費、労務費その他の経費の内訳を明らかにした「明細見積書」を提示してくる業者は、探すのが大変なくらい少ないのです。

建設業法第20条には罰則規定がない！

さらに驚くべきことに、この第20条には罰則規定がないのです！　したがって、住宅メーカーは工事の種別ごとに材料費、労務費その他の経費の内訳を明らかにしなくても、罪に問われることはありません。

住宅建築にはこうした法律の抜け穴がこのほかにもたくさんあるので、業者はやりたい放題となっているのです。そして悪徳業者は、法律で罰せられないギリギリのところをよく知っています。「大手メーカーだから安心」などと考えている顧客をだますことなど朝飯前です。

さて、ここであなたにひとつ質問があります。あなたは以下のケースで刑事罰を受けるのはどれだと思いますか？

1．1週間何も食べられずに空腹に耐えかね、コンビニで100円のおにぎりを万引きしたホームレス。

2．3000万円の住宅を契約し、前払いでお金を受け取ったにもかかわらず「経営状態が悪くなりました」と言って家の工事を放棄した建築業者。その後も同じことを十数回繰り返したために、たくさんの被害者が出た。

3．何千万円もの価格で家を受注するものの、ひどい工事で欠陥住宅を作り、修理をしなかった会社。

心情的にいえば、2番と3番が刑事罰を受けてもおかしくない、と思われるでしょう。

しかし、確実に刑事罰が下されるのは1番のホームレスだけです。なぜなら、窃盗罪があるからです。

2番と3番は実際に私たちが遭遇した実話ですが、彼らは罰せられることなく、今でも建築業界に残っています。2番の事例は詐欺罪に当てはまるかどうか、ギリギリのラインなのだそうです。この件では3000万円もの大金が返ってくることもなく、しかも法律でも守られず、相談に来られたひとも私たちも、本当に悔しい思いをしました。

このような場合でも、住宅建築には罰則がないために何千万円もの被害を与えても住宅メーカーが処罰されないのが現状です。

事例にみる法律の抜け穴を利用した悪徳業者のやり口

2005年に千葉県で営業していた建築設計事務所の姉歯《あねは》秀次《ひでつぐ》一級建築士が、地震などに対する安全性の計算を記した構造計算書を偽造していた事件を覚えていらっしゃいますか？

この事件は耐震偽装問題や姉歯事件と呼ばれ、世間を揺るがせたため処罰されたひとが出ましたが、それ以外で欠陥住宅を作って逮捕された例を聞いたことはありますか？

きっとないはずです。みんな、法律の抜け穴をくぐり抜けてしまうのです。

民事訴訟を起こすひともあまりいません。なぜなら、家を建てたばかりで、裁判にお金を回すのは容易ではないからです。特に家の金額をつり上げられた場合はなおさらです。大手住宅メーカーなどは自社が1審で負けると上告し、最高裁まで戦い抜きます。一般人では、それに対抗するための資金を調達することは難しいことでしょう。

また、訴訟相手が中小の会社の場合、たとえ裁判に勝っても「会社に支払うための資金がない」と開き直られるとなすすべがありません。

悪徳業者の事例　Aさんのケース

悪徳業者は欠陥住宅を作っても、法律の抜け穴をよく知っているのでやっかいです。法律の抜け穴を利用した悪徳業者のやり口がよくわかる、実際に私たちが遭遇した事例を紹介しましょう。

仙台で家を建築中のAさんから相談が入りました。家の工事が途中で止まってしまったというのです。

Aさんは、ツーバイフォーの輸入住宅を建てようと計画し、地元の小さいビルダーに依頼をしたそうです。

※ビルダーとは、地域に密着した比較的小規模な業者のことです。

Aさんは、その会社の社長でもあるP氏の勧めに強い熱意を感じて信用したそうです。そして、P氏から「材料を輸入する」という名目で多額の金銭の前払いを要求されたのですが、信用していたため疑うことなく支払ってしまいました。

それからしばらくして家の建築が始まり、基礎ができて骨組みができた頃、Aさんは職人さんから耳を疑うような話を聞かされます。

なんとP氏から工費が振り込まれておらず、怒りの矛先がAさんに向けられたのです。ついに収入の目処《めど》がたたなくなった職人さんは、続行困難と判断して仕事を放棄してしまったのです。

驚いたAさんがP氏に詰め寄ると、「お金がなくなってしまいました。経営状態が悪いので、これ以上家の建築を続行することができません」と平然と言ってのけたのです。

私は「これは計画的な犯行だ」と確信していました。なぜなら、P氏のトラブルはこれが最初ではなかったからです。すでに何人ものひとから同じ被害の相談を受けていたのです。

そこで、東京の某テレビ局と一緒に取材を開始しました。テレビ局はそのネットワークを駆使して、さらに多くの被害者がいることを把握しました。また警察にも被害者が相談をしていて、ついにP氏は逮捕されたのです。この事件は新聞にも載りました。

ところが、P氏はわずかな罰金で釈放されてしまったのです。P氏に課せられた罪は、実際には所持していない建設業の番号を、嘘をついて掲示したというものだけです。Aさん以外にもたくさんの人たちをだましているにもかかわらず、詐欺罪では告訴はされませんでした。

私は強い憤りを覚えました。と同時に、これほど悪質なケースでも詐欺罪に問うことは非常に難しいことなのだということを知ったのです。

このように悪質なケースでも詐欺罪に問うことが難しいと知っている悪徳業者は、法律の隙間をうまく突いてきます。たとえ10円でも盗んだら泥棒なのに、何億もの大金をだまし取っても裁かれないのが現実なのです。

ちなみに、このP氏はまだ住宅業界で生き残っています。今でもだまされている人がいるかと思うと、心配でたまりません。

これから小規模工務店で家を建てるひとは、特に念入りに工務店の経営状態を確認することが必須の条件です。実績がまったくないところや、数軒しか建てた経験がないところで安易に契約すべきはありません。

04 原因4　知識が不足している施主だけが陥る悲劇とは

営業マンはあなたの味方ではない

住宅メーカーの営業マンは百戦錬磨です。ほとんどの営業マンは、入社してから建築業界における「顧客をだましやすいルール」を「売上アップの方法」として叩きこまれていますから、ある意味、会社に洗脳されているといえます。洗脳されているわけですから、知識のない施主をだましているという意識などなく、ひたすら会社の利益になるように働きます。そのような営業マンと交わす契約が、安全なはずがありません。

施主側が、営業マンの営業トークに対抗できるだけの建築の知識や法律を知っていれば、自分にとって不利になる契約をしないようにできますが、そのような施主さんはごく一部です。

それどころか、たいていの施主さんは、住宅メーカーの契約に問題があることすら自覚していません。

ここでは、不利になる契約をしないために必要な、法律や建築の知識ではない「施主が必ず持っておくべき意識」という、もうひとつの知識についてご説明します。

施主が必ず持っておくべき意識とは

私たちが行う個別相談会では、施主さんが安心して家づくりを行うためのアドバイスをしています。この相談会にはじつにさまざまなひとが相談に来られるのですが、このひとたちの相談は大きく2種類に分けることができます。それは、「トラブルに遭わないための相談者」と「トラブルに遭って困っている相談者」です。

トラブルに遭ってから相談に来る方には、「問題が起こってからでは取り返しがつかない」という意識が欠けています。住宅建築という、生涯で一番高い買い物をするのですから、この意識だけはぜひ持っておいてください。この意識を持っておくことで、どんなに営業マンから契約を勧められても、自身の危機管理能力が働き、自分にとって不利になるような契約をしないでしょう。つまり、あなたに法律や建築の知識がなくても、この意識を持つことで慎重になり、自分と家族を守れるのです。

事例1　無料で解決してくれる？

ある日、私はこんなメールを受け取りました。そのメールには名前さえもありませんでした。

「欠陥住宅を建てられて困っています。すべてを解決してくれるひとを紹介してください。もちろんお金は1円も払いたくありません」

できることなら無料でなんとかしたい、という気持ちはわかりますが、このメールには「残念ながら、そうしたひとは存じ上げません」とお断りの返信をさせていただきました。

強盗の被害を受けたら逮捕してもらうのにお金はかかりませんし、交通事故でケガをしたら救急車は無料で来てくれます。だから欠陥住宅になっても、誰かがなんとかしてくれると思うのでしょうか。

しかし住宅は民事上の問題で、警察は介入できません。業者が対応してくれない場合、無料で簡単に解決できる仕組みなどないのです。このように「何かあっても無料で簡単に解決できるだろう」という意識が、結局のところ欠陥住宅を建てられてしまうというトラブルに結びつくのだと思わざるを得ません。

事例2　見積書も図面もなしに契約

平成26年10月から消費税が、それまでの5％から8％にアップしました。これにより、高額な商品の駆け込み需要がニュースでも大きく取り上げられました。

ちょうどこの時期、9月末までに契約をした物件は消費税が5％で済むと営業マンに勧められ、見積書も図面もなしに契約をしてしまったひとが、そのあと不安になって相談に来られました。言わずがなこの契約は、とてつもなく大きなリスクを負っています。それは白紙委任状にサインをして渡したようなものだからです。

「なぜこんな状態で契約をしたのですか？」と尋ねると、「今契約しないと消費費税が3％上がるし……。会社も信頼できそうだったので」との答え。このひとは、この手の契約がいかに危険かを認識していませんでした。

あとで「あれが足りない、これはいらない」と言っても通用しませんし、納得がいかない金額になっても契約した以上は支払い義務が生じます。

05 原因5 住宅トラブルの実態は世の中に伝わりにくい

被害者たちが訴えても実態は広まらない

住宅トラブルの実態はなぜこれほど社会に浸透していかないのか？　それは、被害者たちが泣き寝入りするケースが圧倒的に多いからです。

高いお金を支払ったにもかかわらず、とんでもない家を建てられたとしたら、誰だって裁判してでもお金を取り戻したい、家を作り直したいと考えるでしょう。しかし裁判を起こす場合、家づくりに失敗してお金を失った状態で、さらに裁判の費用もねん出することになるのです。この現実に、みな腰が引けてしまいます。

さらに、住宅建築に関する現在のルールが、業者に対して圧倒的に有利に設定されていますので、裁判を起こしても、まず勝てません。そして結局、泣き寝入りしてしまうのです。これでは住宅トラブルに関する情報が、社会に拡散していくはずがありません。

家を建てたら、親兄弟、親友たちからこぞって祝福されます。でも、祝福してくれる周囲のひとたちに対して「でも失敗したんだよ」なんて、なかなか言えないものなのです。

インターネットでさえも住宅問題の情報は拡散しにくい

近年はインターネットがすっかり普及しました。検索すれば大抵の情報が、誰でも手に入れられる素晴らしい時代です。しかし、住宅トラブルに関する情報だけは、なかなかはっきりとした実態が見えてきません。これは、ステルスマーケティングによる、情報のかく乱が行われているからだと思います。いわゆる「ステマ」です。

住宅業界の宣伝サイトや、建築関係者が書きこんでいるブログは数多くありますが、こうしたサイトに書かれている情報は玉石混交《ぎょくせきこんこう》、真贋《しんがん》入り乱れた混沌状態です。自社に対しては良い情報などを掲載し、ライバル会社に対してはネガティブな情報を書き込みます。さらに、コメント欄にも、施主を装っていろいろな書き込みをしていると考えられます。文字通り、どの情報を信じていいのか、専門家でも戸惑ってしまうほどなのです！　こうした状況では、詐欺にあった被害者の声など、簡単には見つけてもらえないでしょう。

もっとも残念なのは、良心的で優れた住宅メーカーの情報も、混沌としたインターネットの中にうずもれてしまっていることです。

06 住宅建築に関わるトラブルを防ぐために行うべきこと

「トラブルを防ぐために必要なことは、まず原因を知ること」ということで、これまで住宅問題の5つの原因について書いてきました。

1. リピートしないビジネスなのでお客を大事にしない
2. 間接費（経費）が高い
3. 法律の抜け穴が多すぎる
4. 施主側が安心して業者に任せ過ぎ（知識不足）
5. 被害者の情報が周囲に伝わっていかない

では、この原因を踏まえた上で、トラブルに遭わないために必要な4つの基本的な対策を見ていきましょう。

対策1　心構え

まず一番大事なことは「心構え」です。

「問題が起こってからでは取り返しがつかない」という心構えがしっかりできていれば、大きなトラブルに遭いません。安易に契約書にサインし、後で悲惨な目に遭って泣くことはないでしょう。その心構えがあれば注意深くなるので、事前に対策を講じることができるからです。

もっともまずいのは「自分に限ってトラブルに遭うことはない」と思い込んだり、「どうにかなるだろう」とトラブルを甘く見ることです。こういったアドバイスは、あまり気持ちのよい話ではないでしょうが、住宅関係のひとを信頼できると確信するまでは、彼らの言動を疑ってかかる目で応対することをお勧めします。

あなたと住宅メーカーは利益相反の関係です。あなたが得をするということは、住宅メーカーが損をするということ。逆に住宅メーカーが得をすることは、あなたが損をしているということです。そして一般的にはキャスティングボード（決裁・決定権）は住宅メーカーが握っているので、それを理解した上で自分の希望が通るよう、上手に折り合いをつける必要があります。

契約までの正しい手順は後の章で詳しく解説しますが、「問題が起こってからでは取り返しがつかない」という心構えで、そこに書かれている手順どおりに契約を行い、慎重に事を進めていけばトラブルのない良い家づくりができるでしょう。

対策2　3つの知識を身につける

次に大事なことは、あなた自身が住宅建築に関する正しい知識を持つことです。では、住宅建築に関して、知っておくべき必要な知識を簡単にご説明します。

●法律の基礎知識

住宅建築に関わる法律といえば、主に「建築基準法」、「建設業法」などです。これらの法律の難しい条文を覚える必要はありませんが、最低限知っておけば契約の際に有利なものもあります。

例えば、契約前に明細見積書を要求するときに「建設業法第20条がその根拠です」と言えれば、相手は断りにくくなります。建設業法第20条は、「建設工事の見積り等」について記載されているので、契約前にその条文だけを読んでおけば安心です。

ほかにも施工チェックを自分で行う場合、不具合があったときなどは自身で手直しを要求することになりますが、その際、建築基準法等の不具合の根拠となる証拠が必要となります。

●建築の基礎知識

家づくりはほとんどのひとはたったの1回のことですが、あなたがこれから一生涯住む家です。家を建築するこの機会に、自分でも建築の勉強してみるのはいかがでしょうか。工法や間取りのこと、インテリアのこと。特に工法などの基礎知識があれば、工事中に現場を見ておかしな部分を事前に発見できるかもしれません。

この本はトラブルを防止することが目的なので、こうした知識について詳細にはお伝えしませんが、建築関係の本はたくさん出ているので書店や図書館で探してみてください。学べば学んだ分だけ、あなたの家が良くなりますよ。

●ファイナンシャルの基礎知識

家を建てるには多額のお金が必要になります。この金額を一括で支払える人はそうそういないでしょう。そこで、住宅ローンを利用することになります。家は建ったけれど、その後の生活が住宅ローンの返済によって難しくなっては大変です。

そこでこの機会に、住宅ローンの支払いと共に、ライフプランを作成することをお勧めします。ライフプランとは、「人生設計」のことです。人生には、就職や結婚、出産、子どもの進学、退職などから、車や家の購入といった大きな買い物のこと、また親との同居や介護など、人生にはさまざまなライフイベントがあります。こういった人生の設計図を描き、そのイベントごとに必要なお金のことを考えておくのです。そうすれば将来に渡って無理のない予算を組むことができます。わからない人は、ファイナンシャルプランナーに相談するといいですね。きちんと将来に渡ってお金のことが見えていると、安心して家づくりに励むことができるというものです。

対策3　必要なときには専門家の援助を受けること

住宅メーカーと契約する際に利用する「会社選択チェックシート」を巻末付録につけていますが、万全を期すなら専門家に施工チェックを依頼したほうが安心です。専門家はその知識だけでなく、これまでのさまざまな事例を蓄積していますので、あなたの心強い味方になってくれるはずです。

また何かのトラブルがあったときでも、外部の専門家がいると何かと心強いことでしょう。専門家に依頼すると有料だからと躊躇《ちゅうちょ》するひともいますが、トラブルに遭ったときの被害額のほうが数倍も大きいことを考えると、結果的に費用が安く済むことも多いのです。

対策4　巻末付録のチェックシートを使うこと

本書には、トラブルを防ぐための会社選択チェックシートが付録として巻末にあります。このシートをぜひ使ってください。このチェックシートには、業者にとって都合の悪いことが書いてありますが、それらはすべて施主さんを守る正当な主張です。営業マンに良い顔をされないからといって、遠慮することはありません。「よい客」になる必要はないのです。むしろ「よい客」だと営業マンに思われてしまうと、主導権は営業マンが握ることになってしまいます。なんでも意のままになる客、それが「よい客」なのです。つまり、「よい客」と思われてしまうと、施主側が不利になるルールを思いのままに適用され、自分が望む予算や内容では家が建たなくなる可能性がさらに高まるということです。

もしチェックシートに難色を示すようなら、その業者に執着せず、受け入れてくれる良心的な業者を探しましょう。

3章

多額の費用が上乗せされる見積トラブル

なんだか
とんでもない
ことに思える
けど・・・
そんなことが
まかり通っている
なんて・・・
うーん・・・
家を建てるのが
だんだん怖く
なってきちゃうわね
その気持ちも
分かります
どうすれば
トラブルを
避けられるの?
はい
まずは
見積もり
トラブルに
ついて充分に
注意して下さい
見積もりか・・・
それって最初に
きちんとしたものを
もらえるものよね?
・・・
そういえば
ああ!
確かそんな
法律もあったんじゃ・・・
ええ よく
ご存知ですね!
テレ
いやあ・・・

きちんと「明細」を記載した明細書をもらえる・・当然そう思いますよね
ところが多くの住宅会社が法律の趣旨を無視して明細見積書を出さないということがあるんです
そんな！
多くの施主さんは家を建てるのって初めてですよね
うんうん
まあそうよねこんな大きな買い物だもの
ですからわからない事が多く
あーだ
こーだ
ぺら
ぺら
営業マンの言葉を鵜呑みにし「こんなものか」と思い込んでしまう・・・それがキケンなんです！
なるほどー
バーン
営業マンはあなたの味方じゃないんです！
どゆこと？

01 見積トラブルとは?

契約前の雑な見積りが諸悪の根源

見積トラブルとは、住宅メーカーが「契約前に明細見積書を施主に渡す」という法律の趣旨を無視することから発生するトラブルを指します。

見積書は、「木工事費」「基礎工事費」「内装工事費」などの工事費用を設定し、その各費用の詳細な内訳を明示するものです。内訳は、材料の数量やグレード、単価が含まれます。これらすべてが記載された見積書を明細見積書といいます。

明細見積書や確定図面は契約前に施主に手渡すべきものであり、それによって工事内容や価格が確定されます。それが建設業法第20条の趣旨でもあります。ところが多くの住宅メーカーが、この法律の趣旨を無視しています。

見積トラブルはこうして起こる

見積トラブルの具体的な内容は、住宅メーカーが契約時に明細見積書を出さずに、一式だけの見積書で施主に契約させ、契約後に金額を上げるというやり方です。

原材料となる部材の価格も施主には教えませんし、建築資材や設備のメーカー名、品番、グレードなどの詳細な情報を出さず、「本体工事一式〇千万円」というような一式での価格しか施主に知らせません。こうしておけば部材を安いものに変えても、数量を減らしても施主にはバレないからです。

また、絶対に必要な作業工程そのものを見積りの項目から外してしまい、後から「オプション」として請求してくるケースもあります。例えば、基礎工事や設計費用、仮設費用などの項目を契約前の見積書から省いてしまうのです。もちろんそれらの費用は、付帯工事費と経費という名目で契約後に請求されます。

これが見積トラブルです。

見積トラブルは契約後に表面化するから恐ろしい

これからお話しする事例はすべて実話です。この事例を、あなたがその立場にあると想定してお読みください。これは私たちが過去に相談を受けた事例で、多少異なれど多く寄せられる見積トラブルのケースなのです。

家を建てたいと展示場を回っていたDさんご夫婦はある住宅メーカーに入りました。全国的に有名な会社で、展示場もとても立派です。「こんなすてきな家に住めたら幸せだね」と、そんなことを夫婦で話していたそうです。

夢がふくらみ、家を購入しようと思ったDさんは、そこで出会った感じの良い営業マンから1枚の見積書を提示されました。営業マンは「細かいお見積りや図面は契約してからになります」と、先に契約を要求してきました。

Dさんはなんとなく不安になりました。「契約書に印鑑を押すときには十分に気をつけなさい」と亡父から忠告されていたことと、間取りや内装の希望について、まだ何も伝えていなかったからです。奥さんも多少不安に思ったそうですが、営業マンの次の言葉がD

さん夫婦の背中を押しました。

「坪当たり1万円安くなる特別キャンペーンは今月だけです」

営業マンはさらに説明をします。「今回の契約は仮契約で、私たちの会社で家を建てるという意思表明をしていただくことが目的なので、詳しい契約は後になります。それまで時間がありますから、ゆっくりとお話しして決めていきましょう。まずはキャンペーンのチャンスをゲットしてください。私はこれからずっとお付き合いさせていただきます」

Dさんは、誠実そうな営業マンの言葉を信じて仮契約をすることにしました。仮契約で提示された金額は、最初に営業マンに伝えた予算内に収まっています。

「これならなんとか支払えそうだ。この金額であの展示場の家が建つのか」

Dさんご夫婦はすっかり夢心地になっていました。出された契約書には契約内容が細かい字で書いてあります。しかし、Dさん夫婦はそれにはあまり気に留めずに契約をしました。

その後、営業マンと細かい話に入ります。しかし、このころから想像と違うことにDさんは気づきはじめました。

まず契約をした標準タイプの家が、非常に簡素なことに気づきます。展示場で見た豪華な設備は標準タイプにはついていないようです。よく見ると、最低限以下のものしかついていません。

営業マン「バルコニーは必要ですか？」
Dさん「え？　もちろんです」
営業マン「そうですよねー。ではバルコニーのオプション追加ですね」
Dさん「え、別料金なのですか？」
営業マン「もちろんです。見積書に書いてあるとおりです」
Dさん「……。」
営業マン「玄関ポーチは必要ですか？　勝手口には土間も欲しいですよね？」
Dさん「えっ、それも全部別料金ですか⁉」

このほかにも給排水設備、照明器具など見積書になかった必要なものがどんどん追加されていきます。さらには仮設トイレ、仮設工事、残土処理などの項目が並びます。
また、オプション工事も思ったより金額が高いことに驚きます。でもすでに契約をしていますから価格交渉もうまくいきません。結局、普通に必要なものをつけただけで１０００万円も金額が上乗せされてしまいました。

仮契約時の手頃《てごろ》に見えた金額は何だったのでしょう。「だまされた！」Ｄさんがそう感じるのも無理もありません。

これほどの金額はとても支払っていけないので契約を白紙にしたいと思っても、大きな壁がジャマをします。それが違約金です。

仮契約の破棄を申し出たＤさんに、住宅メーカーから違約金の請求書が届きました。その金額はなんと２７２万円だったのです！　Ｄさんはショックを受けました。

「仮契約で工事も始まっていないのに、なぜこんな高額な違約金を支払わなければいけないのだ」

そう思うのも当然です。

弁護士に相談したＤさんは、仮契約だと言われてサインしたものが仮契約ではなく本契約だったことを知らされたのです。そしてＤさんは、契約書に沿って受注業者の費用を支払う義務があることを弁護士に説明されたのです。

こうなると、Ｄさんには２つの選択肢しかありません。契約を破棄して違約金を支払うのか、予算を上げて業者の言い値で家を建てるのかです。Dさんは泣く泣く後者を選ぶことを考えましたが、それでも不安がよぎります。なぜなら弁護士から、Dさんが仮契約と信じて交わした契約書には、いくつもの不平等な内容が入っていることを指摘されたからです。

明細見積書を出させないと、費用が「オプション」という形で上乗せされる!

見積書に関するトラブルは、契約を結んでから強烈なダメージとして効いてきます。大げさではありません。私たちのところに来る相談者の多くが、こうした被害に苦しんでいます。大部分の住宅メーカーが、意図的にこうしたやり方を勧めているからです。しかも、有名企業の営業マンが堂々と主張すれば、なんとなくこれでいいと思い込んでしまうでしょう。営業マンは客の気を悪くさせないで、自分の目的を100%達成するように上手に話すのでなおさらです。

明細見積書ではなく一式見積書を施主に見せるという行為は、「どんな家をどんな材料で、どうやって作るのか、こちらに任せなさい」と住宅メーカーが高飛車に言っているようなものです。そこには、施主の希望を聞き入れて満足できる家を建ててあげよう、などという優しさなどは一切ありません。

つまり、一式見積書の「一式」の部分において、施主と住宅メーカーの見解がまったく違うのです。

施主は、思ったとおりの家を作るための「一式費用」として受け止めますが、メーカー側は、そんなことはこれっぽっちも考えていません。住宅メーカーの提示する「一式」は、価格を安く見せるためのごまかしです。

「最低限の家は、この一式見積書の費用で建てられますよ」という意味なのです！

そして、一式見積書で納得し契約まで漕ぎ着けてしまうと、施主の要望はすべて「オプション」として処理され、一式見積書の金額にどんどん上乗せされてしまうのです！

モデルハウスで提示される見積書も、ほとんどが一式見積書です。大体、どこの土地に家を建てるかも決まっていないのに、明細見積書が作れるはずがありません。

こうした悲劇を防ぐためにも、住宅メーカーに対して「明細見積書」を作成するよう必ず要求してください。

02 見積トラブルにはパターンがある

見積トラブルを回避するために知っておくべきこと

施主が不利益を被る見積トラブルは、その多くが以下の手順で進められた場合に起こります。つまり、この手順で家を建てればトラブルに発展する可能性が非常に高くなるということです。見積りでトラブルに遭わないために、間違った手順での契約の流れを知っておくことがトラブル回避につながります。これを知っていれば、もし、住宅メーカーがその手順で契約を進めようとしてきたら「これはおかしい」と感じるはずです。

①意味のない明細書や図面でその気にさせてくる

住宅展示場やモデルハウスなどで少しでも買う気配を見せると、営業マンは「一式見積書」や「概算見積書」、「仮の図面」を提示してきます。しかし、これらの書類にはなんの意味もありません。なぜなら、土地が決まっていない場合には間取りも広さもが確定できないため、価格の出しようがないからです。また、このケースで提示してくる見積りは「一式見積書」です。土地も決まってないのに詳細な見積りが出せるはずがないのです。

つまり、この見積りは強引に契約させるための方便にすぎないというわけです。土地が決まらない以上、仮の図面にもまったく意味がありません。また土地が決まっていたとしても、確定図面や明細見積書を出さずに、仮の図面と仮の見積書が提出されることも多くみられます。

②建築請負契約と手付金の支払いを迫ってくる

概算見積を提示してきた営業マンは、次に建築請負契約を締結しようとあなたにアプローチしてきます。ここで、あなたに不利な契約書で契約をさせられることがほとんどです。この契約を「仮契約です」という会社もありますが、実は「この契約自体が本契約」なのです。

あなたは仮契約なら解約も簡単だと考えるかもしれませんが、建築請負契約書にサインと捺印をした時点で本契約なのです。

「建築の総額が確定していないので仮契約だ」と主張をする営業マンもいますが、一般的な仮契約とは意味が違うので注意してください。ちなみに契約書は、実印ではなく三文判とサインでも正式な契約となります。

③土地の契約・手付金の支払いを迫ってくる

土地が見つかると土地の売買契約の締結と手付金の支払いを迫ってきます。もちろん建替えの場合や土地を所有している場合には、この過程はありません。

④間取り、仕様の打ち合わせで金額を吊り上げる

契約（仮契約）が終わると、ようやく間取りや仕様の打ち合わせに入ります。施主の希望を尋ねられるのは、なんとここからなのです。当然、たくさんの希望が出ますから、希望の数だけ金額が上がります。このときになってはじめて付帯工事など概算見積に入っていない項目が明らかになり、この項目の金額が判明し、見積りに上乗せられることになるのです。

概算見積のときに「一式」となっていた仕様の詳細部分がここでわかるのですが、おおむねそれほど良い仕様にはなっていないため、仕様を上げることになります。その部分は

「施主の希望」とされ、仕様が上がるのと比例して建築金額も上がることになります。

⑤図面、仕様、建築金額の確定

ここにきてようやく図面、仕様が確定します。この段階で、概算見積よりはるかに高い建築金額になっています。８００万円くらい上がるケースも多々あります。

解約しようにも多額の違約金を請求されるため、踏ん切りがつきません。ほかの住宅メーカーに変えたとしてもほぼ同じことになるので、ここで多くの人が後悔しはじめます。

これが一般的な見積トラブルの辿り着く結果です。要するに、見積書のトラブルは、不十分な見積書と安易な契約がセットになって施主を強烈に苦しめる、ということです。

03 良い見積書の例を知っておこう

良い見積書と悪い見積書

では、ここで悪い見積の例として、実際の見積書を公開します。

住宅メーカーの経費も、工事に使われる材料の価格も、これらの見積書ではわかりません。良心的にメンテナンスがしやすく長持ちする良い材料が標準になっていると思いがちですが、実は安い材料が標準になっていて、契約後にオプションで良いものを指定させられるケースがほとんどです。

そして項目にも注目してください。仮設工事という項目がまるごと抜けています。この項目が抜けているということは、仮設工事に含まれるであろう足場、養生ネット、仮設電気、仮設水道、残土処理費、残材処理費、仮設トイレ、ハウスクリーニング代などは後から請求されます。

ほかにも、現場管理費という項目もありません。

V社の見積書（有名フランチャイズ・チェーン）

作成日 2014/05/08

様

見　積　書

延べ床面積　180㎡

項目	数量	単位	金額
本体価格	1	式	22,056,852 円
設備工事	1	式	4,365,985 円
内部開口工事	1	式	1,985,265 円
外部開口工事	1	式	2,216,230 円
内部仕上工事	1	式	302,285 円
内部造作工事	1	式	1,366,669 円
外部仕上・造作工事	1	式	168,795 円
オプション工事	1	式	円
設計料	1	式	600,000 円
諸経費	1	式	3,986,585 円
総合計			37,048,666 円

V社の見積書はオーソドックスなトラブル見積書です。すべてが「一式見積」なので、どんな仕様になるかわからないようになっています。

W社の見積書（地元のビルダー）

平成25年3月4日

見　積　書

本体工事　21,356,821円

W社は、なんと「本体工事」と金額のみの１行だけです。そこで営業マンに詳細を聞くと「この展示場と同じものです」と言います。この見積書でも違法ではありませんが、施主にとってはあまりに不安だと思いませんか？

こうした見積書でも、キッチンやお風呂、外壁などの見える材料はカタログに出てはいますから、施主はそれだけを見て安心してしまうのです。しかしカタログにあっても、それが実際に使われるかどうかは見積書に記載されていないので安心してはいけません。このほかにも、これら3社の見積書ではカタログに載っていない材料が無数にありそうです。

正しい明細見積書とは

国土交通省にも確認をしましたが、実は国土交通省でも正しい明細見積書のひな形は定義していません。明

X社の見積書（大手住宅メーカー） ※この例は非常に多く存在します。

様邸　概算資金計画書

<工事請負代金>

建築主体工事費		34,400,000
本体工事積算額	約	30,000,000
屋外設備工事費		2,200,000
屋外電気工事費	約	700,000
屋外給排水工事費	約	1,500,000
空調設備工事費		2,000,000
全館空調	約	2,000,000
建物工事費		38,600,000
消費税		1,930,000
A　工事請負代金		40,530,000

<工事請負代金以外の費用>

設計申請料等		710,000
敷地調査料	約	52,500
実施設計料	約	500,000
確認申請料	約	157,500
B　工事請負代金以外の費用		710,000

建築に関する諸費用（A＋B）	**41,240,000**
建物＋土地代金（A＋B＋C）	
備考	

土地代金	土地	
	仲介手数料	
	固定資産税精算金	日割り計算
	売買契約印紙代	
	登記費用	
	C　土地代金　小計	0

X社の見積書は、もう見積書ですらありません。これはメーカーの資金計画書です。ですから契約後の金額にはまったく関係がありません。この「謎の紙」をもらった施主は、営業マンの説明ですっかり見積書だと思っていたそうです。

細見積書の項目は、おおむね、大項目として以下に記載するものが必要です。

● **仮設工事**

仮設足場や仮設トイレ、仮設水道、電気など、建物本体に付帯する工事の内容をきちんと見積りに含めます。この項目に完成後のクリーニング費用や産業廃棄物処理料などを含めることもあります。

● **基礎工事**

基礎工事で使用される鉄筋やコンクリートの種類、工事内容などがわかるように詳細を入れます。例えば、基礎の形状（ベタ基礎か布基礎《ぬの》　82〜83ページ参照）、主筋《しゅきん》の太さ、鉄筋の量、コンクリートの強度などの明細を確認できれば、どのような基礎工事が行われるのかがわかります。また、アンカーボルトやホールダウン金物の本数なども明細に含めることによって、基礎の内容を知ることができます。この項目の中に残土処分費や重機運搬費、埋め戻しや整地なども含めます。

● **木工事**

構造材や羽柄《はがら》材、合板《ごうばん》などの材料を含めます。木拾《きびろ》いして使用する部材を1本1本表示できる会社は少なくなりましたが、使用する材料を明細に出すことによって、どのような部材で施工されるかを確認することができます。施工会社によっては、この項目に断熱材や建材、造作《ぞうさく》材などの材料費、事前の加工費や大工手間などを含める場合があります。

●屋根工事

工事内容、使用する部材の種類や数量がわかるよう明細を出します。下葺《したぶ》きの種類、軒の納め方、雨樋《あまどい》の形状などを明細に含めることによって、どのような屋根になるかをイメージできます。

●板金工事

施工会社によっては、この項目を屋根工事に含めることがありますが、いずれにしても詳細がわかるようにすべきです。ガルバリウム鋼板などの鉄板屋根であれば、その材料と

ベタ基礎

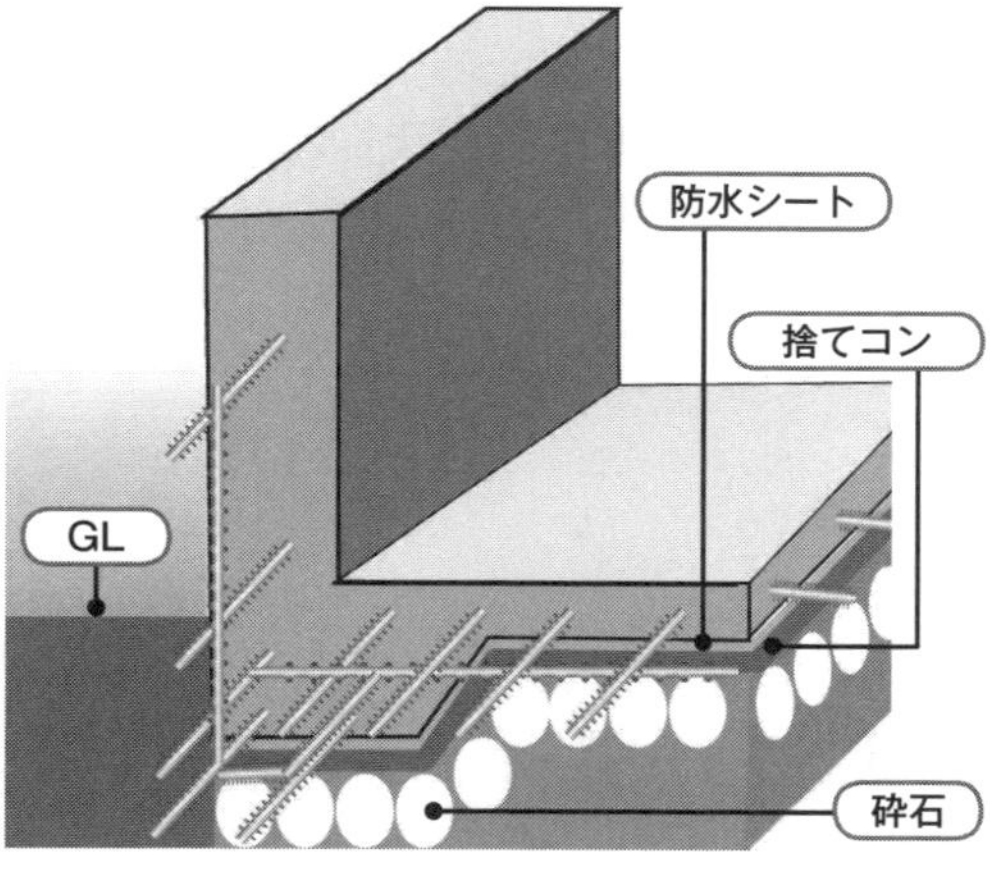

建物の底面が一面、鉄筋コンクリートで覆われている基礎をベタ基礎といいます。布基礎に比べてコストはかかりますが、耐震性や防湿性に優れ、不同沈下（液状化現象）に対する耐久性も備えています。

種類、数量など、また破風《はふ》工事の明細などもこの項目に入れます。

●外部建具工事

窓サッシの内容がわかるように、メーカーや種類、大きさ、枚数などを明細に含めます。網戸がついているかなどの詳細を確認できるようにします。また、玄関ドアやバルコニーの笠木《かさぎ》などの仕様も、この項目に含めることができます。施工会社によっては「鋼製建具工事」などの名称で明細を作っているところもあります。部屋ごとにどのような窓が取り付けられるか窓寸法や種類を摘要欄に表示します。それによって依頼した内容と図面、明細を見比べて、間違いがないかがわかるわけです。

布基礎

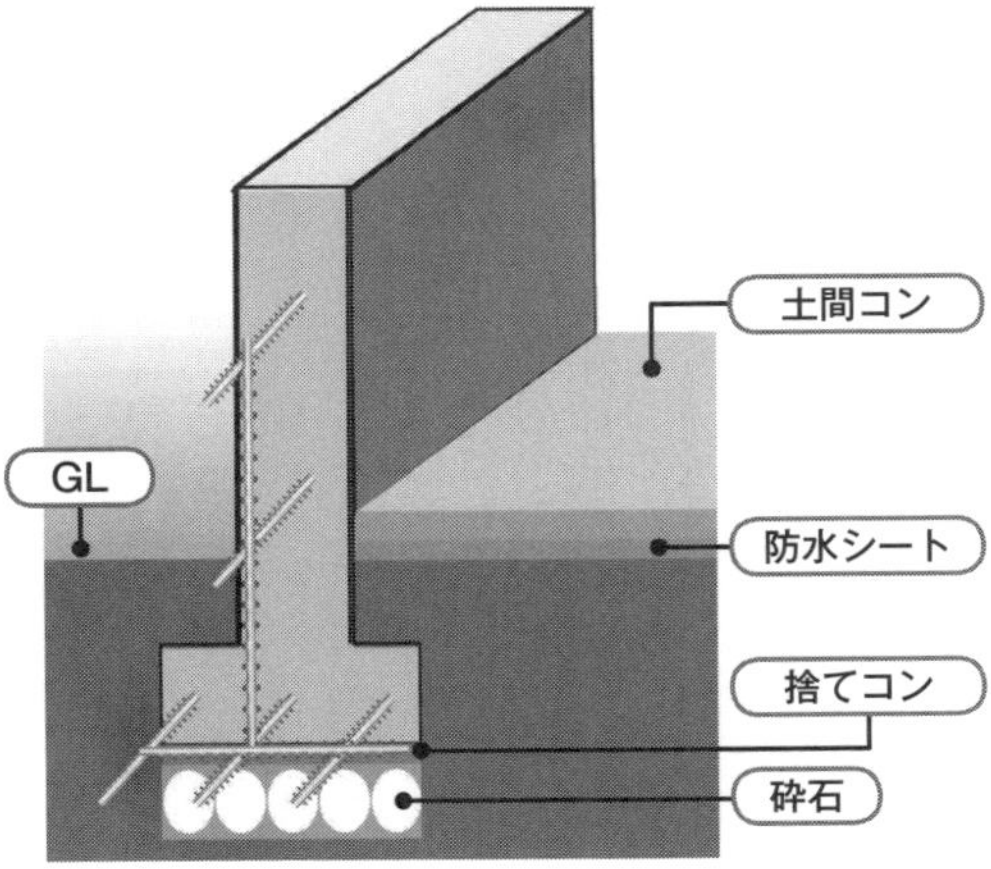

ベタ基礎に比べ、低コストで施工できますが、底面のコンクリートに鉄骨が入っていないため、クラック（ひび割れ）が発生するケースもあります。しっかりした防虫・防水・防湿対策が必要です。地質や地盤の状態、建物の形状によっては、ベタ基礎ではなく、布基礎で十分に対応できるケースもあります。

●内部建具工事

ドアや戸などの内容がわかるよう部屋ごとに、メーカーや種類、品番、数量などを明細に入れていきます。打ち合わせどおりのものが見積りに含められているかを確認できるよう表示します。

●外壁工事

外壁の種類と内容がわかるように明細を出します。板状の外壁材であれば、使用するメーカーや種類、品番、数量などをきちんと積算します。特に数量は余分に積算することが多い項目なので曖昧な分、明細を出して適正なものであることを表示することが必要です。

●防水工事

バルコニーがある場合には、この項目に詳細を含めます。屋根防水や外壁の防水などを含めることもできます。

●左官・タイル工事

ポーチ部や基礎の仕上げなどの明細を載せます。タイルの大きさや種類、数量などの明細を含めます。

●塗装工事

住宅の内部、外部に必要な塗装などをこの項目に含めます。和室の木部などに汚れ止めの塗装があれば、そのような細かい工事内容も入れていきます。

●内装工事

クロス工事、漆喰《しっくい》の塗り壁工事など内壁の仕上げによって違いますが、種類、数量、単価などをわかりやすく表示します。各居室の壁、天井、床（クッションフロアなど）を分けて明細を出します。

●雑工事

この項目は、施工業者によって何を含めるかはまちまちです。簡単にいうと、見積りのどの項目にも入らない工事を入れていきます。何を入れてもいいので便利な項目ですが、逆に施主側は目を光らせて慎重に確認したい項目です。具体的には、シロアリ処理やフロアーワックスがけ、物干しやクローゼットパイプ施工、手すり工事などです。施工会社によっては、完成時のハウスクリーニングやベランダ防水なども含める場合があります。

●住宅設備工事

キッチン、トイレ、洗面、ユニットバスなどの住宅設備の詳細をこの項目に表示します。設備の色なども表示しておくと、後でトラブルになることが少なくなります。各設備の施工費なども確認できるよう明細に含めておきます。

●電気工事

各配線の個数や種類、コンセントなどの個数や種類などを含めます。照明器具があれば、明細をこの項目に含める場合もあります。

●給排水衛生工事

この項目は、大まかに「一式　○○円」と表示されるケースが多く見られます。しかし、給水管の太さや種類、配管工事費など屋内外の給排水にかかわる工事の明細をきちんと出すべきです。

●諸経費

それぞれの工事にかかる諸経費を含めます。施工会社によっては項目ごとに諸経費を入れたりする場合があります。この項目に設計費用や管理費用を含めることもあります。

まだまだある！　見積書にあって当然な工事の項目

そのほかにも換気工事、畳工事、給湯設備工事、ガス工事、暖房工事など、工事内容や施工会社によって表示の仕方が変わってきます。いずれにしても項目ごとに、使う材料のメーカー名や型番があるものは必ず入れてもらいます。単価、単位、数量をきちんと入れることが大前提です。

これらすべてを入れて明細見積書を作成すると、おおよそ20～25ページほどのボリュームになります。大切なのは、どのように、またどこに計上されていても各工事の詳細が明らかになっているかどうか、ということです。

04 見積トラブルの事例集

明細のない「一式見積書」にだまされる人は多い

ここまでの実例の紹介や解説によって、いかに明細見積書が契約において重要かがおわかりいただけたと思います。もしも明細見積書なしに契約をしてしまったら、後から見積書の中身に注文をつけることができません。たとえその内容が法律に違反するスレスレの内容で、普通ならこのような内容で家は建てないだろうと思われるようなものであったとしても、文句は言えないのです。

明細のない一式見積書で契約をしたEさんは、高級な注文住宅の代金を支払いましたが、出来上がったのは建売並みの安ものの家でした。粗利はなんと約70%です。Eさんが注文住宅費用として支払った金額の30%が、実際に出来上がった家にかけられた金額というわけです。当然、あとから話が違うと文句を言っても、「契約書に書かれてある」と返されて相手にしてもらえません。

明細見積書がないまま契約をすると、実際にこのようなことが起こってしまうのです。住宅メーカーにも自社で決めている標準的な仕様があるでしょうが、企業は利益の最大化を目指していますから、取れるところからは利益をより多く取ろうとします。利益を得るというのは企業としては当り前ではありますが、このような信じられない非常識ともいえる利益を取る住宅メーカーが実際にあるのですから、恐ろしい話です。

では、このような非常識な利益をむさぼる住宅メーカーの見積りの内訳について見ていきましょう。

これが非常識な見積の内訳だ！

施主のことを考えず、自社の利益のことだけを考えている住宅メーカーの見積書は、これまで説明したようにそのほとんどが「一式見積り」となっています。見積書に使われる資材や設備などがわからないようにしているほうが、安い資材を使ったり、それを減らしたり、設備を簡素なものにしたり、工事内容を変更したりすることができ、その分、利益を大きく取れるからです。

基礎工事を確認する

もっとも重要なのは基礎工事の確認です。基礎工事は「ベタ基礎」か「布基礎」（82〜83ページ参照）かで、ざっと100万円の価格差があります。もし何も記載がなければ、安い布基礎の可能性が大です。基礎は建物にとって非常に重要な工程です。必ず「ベタ基礎」か「布基礎」か、どちらになっているかを確認しましょう。

ベタ基礎と布基礎がどちらが優れているかは、建物の形状や地質によってケースバイケースです。基礎の形が優先されるのではなく、地質にあった基礎形状を選定できる知識のある施工会社を選ぶべきなのですが、一番問題となるのは「鉄筋の量」です。これは、ベタ基礎だろうと、布基礎だろうと変わりません。特にベタ基礎の場合、鉄筋の量を建築法ギリギリまでカットされるケースがあるので注意が必要です。

基礎の鉄筋は、15㎝おきに入る仕様と30㎝おきの仕様では強度も価格も変わります。また、鉄筋の太さ、コンクリートの強度によっても変わってきます。鉄筋は10㎜を使用する場合と13㎜を使用する場合があり、10㎜と13㎜を比較すると鉄筋量は13㎜のほうが約7割増しになります。また、13㎜の鉄筋が15㎝おきに入っているのと、10㎜の鉄筋が30㎝おきに入っているのとでは鉄筋量は3倍以上になり、鉄筋量が多いほうが強度は上がります。

基礎はコンクリートと鉄筋でできています。コンクリートは圧縮に強く、鉄筋は引張《ひっぱり》に強いという両方の特性を上手に使うことで、万が一のときには鉄筋がコンクリートの崩壊を守ります。

ただし鉄筋は価格が高いため、建築基準法ぎりぎりの鉄筋量で施工する会社もたくさんあります。

使う材料と数量が明記されていればこれらの判断材料になりますが、明細がなければどうにもなりません。

とにかく、明細がなければ安いものを設定されている可能性があります。施主の希望をしっかりと聞いて、「それならこれを……」と選んだのではなく、最初から安いものにしておいて、後から希望を聞いてオプションで価格を吊り上げるつもりだからです。実際、6000万円もの超高級住宅なのに、価格が安いアパート部材を多用された家もありました。この家を建てた住宅メーカーはアパートも建てていたので、自社の儲けを増やすために同時に発注して同じ部材を使ったと思われます。

見積りは「最低限」だと考えること

また、施主が「当然、最初から費用に入っているもの」と思っている部材などが費用に入っていないケースもあります。例えば、クローゼットのドアや棚がオプションになる会社もあるのです。これらも明細がないために「費用に入っていない」ことに気づかず、契約後にはじめてわかりビックリすることが多々あります。明細がなければ、見積書に記載された住宅の価格が高いのか安いのかがわかりませんから、安易に価格だけ見て「安い」「妥当だ」と思ってはいけないのです。

このように明細見積のない契約は、施主にとって大変不利で危険な契約なのです。建築費用にまったく見合わない安い材料や設備を使われる可能性が高く、最悪の場合「欠陥住宅」を引き渡されることもあります。それにもかかわらず、そうやって建てられている家がいかに多いことか……。

施主にこういった知識があれば、自分の財産を守れることでしょう。

施主を煽《あお》って考えさせない営業マンの手口

営業マンは、購入意欲が高まった頃を見計らって、このような話を持ちかけます。


「今月は特別キャンペーンを行っておりますので、今月中に契約すれば金額が坪当たり1万円安くなります。こんな機会は二度とありませんよ」

「今月だけ使える30万円の金券が当たりました」

「お客様の家を当社の短期間展示場に使わせていただけるなら大幅値引きします」

「今月はキャンペーンなので」

「決算前なので」

「イベント中なので」


……などなど、さまざまな理由をつけての値引きが多く行われています。

そして、これらのどれもが明細見積のない契約をすることが前提になっており、ここが大きな落とし穴なのです！　つまり明細見積のない契約さえしてしまえば、見せかけの値引き額くらいは安い材料や手間のかからない基礎工事、後から追加するオプションなどで回収できてしまうのです。

きちんと明細見積書を出して建築金額を確定させる住宅メーカーは、見積書を出した後に「100万円の金券が当たりました」などという煽り文句は言いません。

消費税アップ前はご用心を

2014年10月に消費税が、それまでの5%から8%へアップしました。家は一生に一度の高額な大きな買い物ですから、消費税が3%アップするとその分、施主の支出も大きくなります。9月末までに契約をした人は消費税が5%で済むため、この時期一気に駆け込み需要がありました。

その多くが一式見積書や見積書なしで契約を行ったため、その後、見積書トラブルになった事例が数多くあります。実際に私たちも、そうした見積書の相談を多数受けました。

あの時だけは住宅メーカーにも時間がなかったのでしょうが、そうだとしても施主にリスクを負わせない方法があったはずなのです。住宅メーカーには過去の見積書が山のようにあります。その過去の見積書から標準的な材料、工事と総額だけでも明記した見積書を出せばよかったのです。そして施主からの追加のリクエストがあればその分だけの費用を計上し、使わないものは削ればいいのです。そうしたことをせずに、ほとんどの住宅メーカーが一式見積書で契約をさせて、後から金額を吊り上げていきました。

消費税は今後10％にアップするといわれています。もし、そのときが来たら慌てて駆け込み購入せずに、必ず明細見積書を出してもらった上で契約を行ってください。その消費税アップ分よりも、さらに高い金額が後から加算される可能性があるのですから。安いうちに…と慌てて冷静さを欠き、営業マンの口車に乗って購入してはいけません。こういったときこそ、後々のためにも施主は冷静に購入を判断すべきなのです。

05 見積トラブルの具体例

営業マンと施主は常にだまし合い

これまで説明してきたように、明細見積書や図面を出さずに契約できれば、住宅メーカーは大きな利益が得られるわけですから、営業マンは必死になって隠そうとします。

特にターゲットになるのは公務員、医者、大学勤務、一部上場企業サラリーマンといった安定した高収入のひとです。なぜかというと、彼らは勤め先、勤務年数、収入などの情報から、銀行がそのひとにいくらまで貸せるかを把握しているからです。そしてこういった情報から、相手の予算に収めるのではなく、銀行が相手に貸せる上限の金額まで価格を引き上げようとすることがあります。

ここでは、それが実際にあったケースをご紹介します。もし、あなたが先ほど述べた職業であるなら、明日は我が身と思っていただき、しっかりと読み進めてください。

営業マンの変わった提案

Hさんは外資系の企業に勤めていて高収入のひとで、大手住宅メーカーZ社で建築を計画していました。土地はすでに目星がついています。

Hさんは個人的な事情で、住宅の価格は比較的抑えてほしいと営業マンに希望を出したところ、営業マンは「わかりました、Hさんのご希望に沿ってお見積りさせていただきます」と快諾しました。

そして、明細見積ではない一式での見積書がHさんに渡されました。見積書を見ると希望より安い金額になっています。これから家の細かな要望を出すわけですから、それを加味しても自分の希望した金額くらいになるのだろうとHさんは思っていました。

すると、契約前に営業マンは変わった提案をしてきました。

「普通は家と土地を別々に契約します。土地の決済は2ヶ月程度なので、その間に家の打ち合わせをしなければなりません。でも打ち合わせが長引くと決済に間に合わなくなる可能性もあるので、私どもの系列会社のY社で一度土地代金を融資しましょう。そして家の詳細が決まったら家と土地代金を改めて住宅ローンから借りましょう。そのときにY社に返金してください」

私はこうした融資のやり方を初めて聞きましたし、それ以外も聞いたことがありません。Hさんも、相手はこういった契約を多数行っている大手住宅メーカーだし、この提案もきっと間違いないのだろうと軽い気持ちでOKしました。

そのあとに始まった家の詳しい打ち合わせも、特に不審な点はありませんでした。ところが、打ち合わせが終わって後日届いた見積書を見て驚きました。なんと2000万円も金額が追加されていたのです。

営業マンにだまされた！

Hさんはこれほど金額が上がるような追加をしたつもりはありません。そこで営業マンに説明を求めましたが、とてもHさんが納得できるようなものではありませんでした。もちろんHさんの給与から考えれば、銀行はその金額でも融資してくれるのでしょう。しかし、不信感を募らせたHさんは、営業マンに解約を申し出ます。

そのときはじめて、Hさんは自分が罠にはめられていたことを知りました。Y社との契約書にはこう書いてあったのです。「この土地代金の貸付はZ社で住宅の建築をすることが前提であり、住宅の建築を解約する場合は貸し付けた土地代金1700万円は即刻全額返金してもらいます」と。

すでに土地の代金は決済がおわってしまっているので、その代金である1700万円もの金額をすぐに全額返金できる人は一般的にいませんし、Hさんにしても同じです。つまり、Hさんは解約することができない状態になっていたのでした。Z社の営業マンは、高収入で銀行からお金をたくさん借りられるHさんから限界までお金を吸い上げたかったのです。

Hさんは困り果てて私たちに相談に来られましたが、それからもHさんの苦悩は続きます。一度Y社が貸し付けた融資の肩代わり、ということで銀行がHさんへの融資を渋りました。

そこでHさんは弁護士に相談しましたが、弁護士はY社の契約書を見ながら「これはひどいやり方ですが、合法なのでどうしようもありません」と言うだけでした。

住宅メーカーは施主の予算を考慮しない

このケースで私が学んだことは、「住宅メーカーは相手の希望予算には関心がない」ということです。関心があるのは「相手からいくらまでお金を引き出せるか?」ということです。その後の相談などからも、この考えはさらに確信に変わっていきました。

施主の希望を無視して自社の利益を上げるテクニックは実に多く存在します。

この他にトラブルが多いのは「建築条件付き土地の契約」です。建築条件付きとは、住宅メーカーが自社所有の土地に自社の住宅を建築する条件で土地の売買をするものです。業界ではこの場合、ルールが決まっています。

まず土地の契約後3ヶ月以内に、建築請負契約を結ぶことを条件に土地の売買契約を結びます。もし建築請負契約が締結できなかった場合には、土地に対する手数料も含め一切の預り金を返還して白紙撤回することになります。

住宅メーカーがこのルール通りに行うと、以下の2つの点で損をする可能性があります。

1. 明細見積書を建築請負契約の前に出してしまうと、金額が高いことがバレて土地ごと契約がなくなってしまうかもしれない。

2. 3ヶ月の間に契約してもらえないと白紙撤回になるので、かけた時間と経費が無駄になる。

そのため、土地の契約と同時に建築請負契約を締結させようとする会社があります。建物に関しては何も決まっていない状態でもです。これはれっきとした業界のルール違反です。

建築条件付きは、それでなくてもライバルになる会社がいないので住宅メーカー側に有利な取引になりがちです。土地と家を同時に契約するという営業マンの提案を断ると、土地の契約すらできなくなるかもしれない、という施主の弱みにつけ込んだずるいやり方といえるでしょう。

ここまで、営業マンとの間に生じるいろいろな事例を紹介してきましたが、「営業マンは味方であるとは限らない」ということがおわかり頂けたと思います。住宅展示場や営業所であなたの相手をする営業マンは、一見、いろいろと親身になって相談してくれる「良い人」に見えると思います。しかし、会社の方針に従って熱心に、勤勉に仕事をする営業マンほど手ごわいのです。明細見積書の提示と、不利にならない契約の締結に向けて、細心の注意を払ってください。

06 仮契約は本契約と同じ！

仮契約に注意

Ｉさんは有名な住宅メーカーＷ社で仮契約を結んだものの、見積金額が異常に上がったり、営業マンの態度が横柄になったりして不安になり、相談に来られました。

そこでＩさんの「仮契約書」を見せていただいたところ、唖然としました。なぜなら、それは仮契約書ではなく本契約書だったからです。

この事実を伝えたところ、Ｉさんも驚愕していました。契約時の見積りは２０００万円だったものの、最終的に３０００万円もの住宅の請負契約を締結させられていたのです。そこで、ＩさんはＷ社の営業マンに連絡を取ったのです。

Ｗ社の営業マンは、約束の時間をずいぶん過ぎた頃にやって来ました。Ｉさんと奥さんが「これは仮契約ですねと何度も確認したのに、これは本契約書だそうですね」と言うと、「はい、そのとおりこれは本契約書ですよ。前にご説明したのは、仮に本契約をした上で、そのあとで詳細の契約をするという意味だったんですけどね」とぬけぬけと答えた営業マン。悪びれる様子はまったく見られなかったそうです。

仮契約であっても立派な契約

彼らのいう仮契約とは、「金額が確定していなかから仮契約」という意味だったというのです。

しばらく押し問答を繰り返し、Ｉさんが「これほど信用できない人とはこれ以上話を進められません。契約は解除してください」と言うと、それを聞いた営業マンは「承知しました。でも書類上ではこちらにも言い分がありますよ。それでは失礼します」とさっさと帰っていったそうです。

Ｉさんはとても怒っていました。営業マンからただの一度もお詫びの言葉もないのだから当然です。しかしその後、すぐにＷ社の裏の顔を知ることになりました。

数日後、突然Ｉさん宅に内容証明郵便が届いたのです。差出人はメーカーＷ社の顧問弁護士。その内容は驚くべきものでした。

「正式な契約を勝手に破棄したので272万円を支払え。そのためにまず一人で弁護士のところに来るように」

こうしてIさんは長く続くトラブルに巻き込まれることとなったのです。

「仮契約」は、一般的にはよく使われている言葉です。仮契約と聞くと、通常の契約に比べて法的効果が薄いように感じてしまいます。内容がきちんと確定していない仮契約書ですよ、と施主に安心させる住宅メーカーの手口ですが、法的効果が薄い仮契約書というものは存在しないのです。つまり、契約実務上、仮契約といわれるものにサイン・捺印をするということは、このIさんのケースのように極めて危険なことなのです。

もし、あなたが住宅メーカーから「この仮契約書にとりあえずサイン・捺印をしていただいてから…」というようなことを言われたら、絶対にサイン・捺印をしてはいけません。それはIさんのように本契約である可能性が非常に高く、これが原因でトラブルに発展した場合、サイン・捺印がある以上不利になるのは明白です。

どのような形であれ、書面にサイン・捺印を要求されたときは慎重になってください。このようなケースにあなたも巻き込まれないとは限らないのです。

07 見積トラブルを防止する方法

契約前に必ず「明細見積書」を作成させること！

なんといっても、「明細見積書」を契約前に確認することに尽きます。これで見積トラブルの99％を防げると思います。悪質な業者であっても、契約前に「明細見積書を見せろ」と言われれば必ず身構えます。簡単にはだますことができないと相手も理解するからです。これだけで、あなたはただの「カモ」ではなくなります。

明細見積書の内容を必ず確認する

金額が安いかどうかだけに意識がいってしまうと、一式見積書に引っかかってしまうので要注意です！

そして作成させた明細見積書は、必ず内容を確認することです。

何を確認するのかといえば、「施主が思い描いている家の詳細を見積った明細見積なのか?」です。ドアやクローゼット、バスタブまで、どんな品名、どんな型式番号で計上されているかを確認してください。疑問に思ったら、ドアやクローゼットの写真も見せてもらうことです。ここで決して妥協してはいけません。

ただし、住宅メーカーが正式な明細見積書を誠心誠意作成した場合、大変なボリュームになります。とても素人ではすべてをチェックしきれないと思います。自信がなければプロに任せるのも一つの手です。

その場合、見積書のチェックの後に控えている「契約書のチェック」、さらに「施工時のチェック」まで引き受けてくれるプロに依頼しましょう。この点については5章から詳しく解説します。

明細見積書に沿った形で契約を結ぶ

最後に、じっくりと確認した明細見積書に沿って契約を結ぶことです。

4章で解説しますが、契約時には、明細見積書の内容との照覧以外にも、いろいろな確認事項があります。まずは、この章で確認した明細見積書の内容に沿った形で契約が締結されるのかどうかを確認しましょう。

4章

契約トラブルが施主さんを苦しめる

一式見積書と明細見積書にこんなからくりがあるとは・・・
うーん
高価な買い物だきちんと勉強しなきゃな・・・
あぶないあぶない
NPOハウジングネットさんもっと色々教えて!
もちろんです!
お任せください!
見積書のごまかしを見破っても安心はできません
次は契約書の内容です徹底的に施主が不利になるよう書かれていることが多いのです!
①契約書が施主に不利
不利
業者
契約書
施主
②契約が守られない
罰則はありませんから〜
ビリッ
うったえてやる〜!
さらに住宅会社が契約を破っても罪に問いにくいのです

嘘でしょ!? そんなこと本当にあるの!?
信じられない…!
契約が守られないって…
契約不履行で問題じゃないか
こんなことされたら…
怖いのがそこなんです
こうしたトラブルは実際に日常的に発生しているんです!

01 契約トラブルとは？

「さぁ、いよいよ契約だ。これを済ませたら、念願のマイホームの建築がスタートするぞ」あなたの頭の中には、もうすでに新しい我が家のイメージが出来上がっていて、浮足立っているかもしれませんね。でも、ここで冷静になってください。契約を軽く見ると非常に危険です。

契約とは、「この条件で家を建てますか？」という売主（住宅メーカー）に対し、買主（あなた）が「その条件で家を建てます」と意思表示をすることです。ここで建築請負契約が成立し、それを書面にて確認し署名、捺印することによって締結されます。

この契約を安易に行ったために、契約後に「内容が違う」「金額が上がった」などの契約トラブルに発展するケースが非常に多いのです。そこで、ここでは契約トラブルについて、住宅メーカーの契約時の手口、事例、またそれらを防ぐ方法まで解説します。

契約トラブルに発展する2つの原因

住宅建築における契約トラブルが起こる原因は、大きく分けて以下の2種類があります。

1．契約書が施主に不利な内容になっている
2．契約が守られない（契約不履行でも処罰されない）

これらが原因で起こる契約トラブルは、住宅メーカーが施主の不利益になる行為を意図的に行った結果であり、信じられないことですが日常的に発生しています。「自分は契約トラブルに巻き込まれることはない」という考えは大きな間違いです。

では、その2つの契約トラブルがどのようなものかを説明しましょう。

施主に不利な契約内容になっている

契約書を施主に不利な内容で用意するということは、非常に多くの住宅メーカーが採用している方法です。

本来、契約というのは公平なはずです。国土交通省からも公平な契約書が発表されていますし、公共事業の契約には、必ず公平な契約書が使われます。

ところが、それを使えば施主側に正当な権利が発生してしまいます。そこで施主に正当な権利を持たせないために、住宅メーカーは自分たちに有利な契約書を作ります。

例えば、契約後に建築費が上がり「これでは支払いが厳しい」ので解約しようと申し出ると、「解約するのに違約金として契約金額の20%を支払わなければならないと契約書に書いてありますので、解約するなら違約金を支払ってください」と言われてショックを受けることになります。

こうした悪質な契約書を使っていない業者を探すほうが大変なくらいなので、契約するときには注意が必要です。特に高額な解約違約金が設定されている場合には、3章で書いたように見積トラブルの手口と同時に行われることが多くみられます。

契約が守られない（契約不履行でも処罰がない）

契約が守られない事例として、営業マンとの口約束が守られない、サービス品がつかなかったという小さいものから、お金を支払ったのに家自体が建たなかったという悲惨なものまで、実にいろいろなケースがあります。なかには、家1棟の代金がすべて無駄になった人もいます。契約の不履行が原因です。

契約不履行は民法的には不法行為でありながら、刑法的には詐欺になりにくいのです。処罰されることがないので、詐欺まがいの行為を何回も行っている悪質な人間が少数ですが存在し、今でも営業活動を続けているので注意が必要です。

また小さな工務店の場合、悪気はないとしても契約不履行や欠陥工事の補修工事などで費用が発生した場合に、資金不足でそれを支払えないといったケースがあります。この場合、契約を履行させるには最終的に裁判を行うことになりますが、会社側に「お金がない」と開き直られるとどうしようもなくなってしまうこともあります。そのため、このケースのトラブルは契約金が返ってこないばかりか、精神的につらいケースとなりがちです。

02 施主に不利な契約書の具体例

契約書の内容は自由に用意できる

契約行為はお互いの合意のもとに行われます。一般的には契約書は施工側が出しますが、施主側が契約書を出してもよいのです。契約の締結前であれば、施工側が用意した契約書に注文をつけ、内容を変更することも可能です。これは住宅建築の契約だけに限った話ではありません。

しかし、こうした事実をうっかり忘れてしまう人があまりにも多すぎるのです。数千万円の買い物であるにもかかわらず、施工側だけが得をする一方的な契約を結んでしまう安直な行為が、契約トラブルの大きな原因となっています。

正式に契約する前に、お互いがよく話し合い納得して契約をすることが必要です。

国土交通省の建築請負契約書と施主に不利な契約書の違い

これから国土交通省が発行している建築請負契約書と、私たちが契約書チェックで対応した、住宅メーカーが施主に提示している不利な契約書を比較してみます。この国土交通省の建築請負契約書と施主に不利な契約書を6つの項目にて比較を行い、どういった意図で作成されているかを解説します。これをご覧になれば、知らずに契約書にサイン、捺印をすることがどれほど恐ろしいことかがわかるかと思います。

契約時に仕様書を渡さない会社は、この項目があると自分たちのやり方が正しくないことがバレてしまうため、次の「国土交通省の建築請負契約書」の第一条を契約書から削除しています。

比較1

国土交通省の建築請負契約書
（総則）

第一条 発注者及び受注者は、各々が対等な立場において、日本国の法令を遵守して、互いに協力し、信義を守り、この約款（契約書を含む。以下同じ。）に基づき、設計図書（添付の設計図及び仕様書をいう。以下同じ。）に従い、誠実にこの契約（この約款及び設計図書を内容とする請負契約をいい、その内容を変更した場合を含む。以下同じ。）を履行する。

施主に不利な契約書

この総則第一条の項目が丸ごと削除されています。

比較2

国土交通省の建築請負契約書

第三条 受注者は、工事の全部若しくはその主たる部分又は他の部分から独立してその機能を発揮する工作物の工事を一括して第三者に委任し、**又は請け負わせることはできない**。

施主に不利な契約書

発注者は受注者が工事の全部若しくはその主たる部分の工事を一括して第三者に委任し、又は請け負わせることを承認する。

建設業法第22条では、「建設業者は、その請け負った建設工事を、いかなる方法をもってするかを問わず、一括して他人に請け負わせてはならない」と明記されています。

A社が3000万円で住宅建築を受注し、2000万円で下請けのB社に依頼すれば、施主にとって不利益になります。なぜならB社は2000万円で建築資材を調達し、さらに職人への報酬の支払いを行い、なおかつ自社の利益も確保せねばなりません。となると、家そのものには2000万円以下の費用しかかけられないわけです。建築費用として支払った3000万円の価値がある家が建つものと信じている施主は、完成後に「これが3000万円の家なのか?」という不満が当然ながら出てきます。実際に、建築費用として支払った約3分の1の価格で丸投げされていた例もあるのです。3000万円支払ったのに、完成した家は1000万円以下の価値しかないとは、あまりにもひどい話です。それならはじめからA社の下請けであるB社に頼めば、予算どおりの家が建つはずです。

次に建設業法第22条4項に書かれている例外事項も知っておく必要がありますので、以下に記載します。

建設業法第22条4項

4　発注者は、前項の規定による書面による承諾に代えて、政令で定めるところにより、同項の元請負人の承諾を得て、電子情報処理組織を使用する方法その他の情報通信の技術を利用する方法であつて国土交通省令で定めるものにより、同項の承諾をする旨の通知をすることができる。この場合において、当該発注者は、当該書面による承諾をしたものとみなす。

これは発注者側（施主）が内容を充分に理解した上で、丸投げを承諾した場合には一括請負が禁止事項ではなくなるという規定です。

ところが、こうした禁止事項があるということを知っている人は少ないでしょう。住宅メーカーは契約の際、施主にこういった自社に都合が悪くなることを知らせないので、施主は知らず知らずのうちに「下請けに丸投げされ、予算どおりの家が建たない」というリスクを背負わされています。

比較3

国土交通省の建築請負契約書

（第三者の損害）

第十二条　施工のため、第三者の生命、身体に危害を及ぼし、財産などに損害を与えたとき又は第三者との間に紛争を生じたときは、受注者はその処理解決に当たる。

施主に不利な契約書

施工のため、第三者の生命、身体に危害を及ぼし、財産などに損害を与えたとき又は第三者との間に紛争を生じたときは、受注者はその処理解決に当たる。ただし受注者だけでは解決しがたい時には発注者も解決に協力する。

施主に不利な契約書には「発注者も解決に協力する」という文言が加わっています。これは、工事中の損害について施主にも責任が発生するというリスクの高い内容です。よく考えてください。施工のために生じたことで、施主がなぜ解決に協力する必要があるのでしょうか？

もし施工中に事故が起こり第三者に損害を与えた場合、「あなたは発注者なので、解決に協力しなければなりません。損害賠償が発生したので、あなたも損害賠償の一部を負担してください」と言われて納得ができるでしょうか？　あなたは施工にまったく関わっていないのにもかかわらずです。

あるひとが営業マンにこの趣旨を聞いたところ「一緒に謝りに行ってもらうことがあるという意味です」と言われたそうです。しかしこの契約書の文面では、損害賠償を共同で行うことが含まれていると言われても対抗できない可能性を感じます。

もし施主が協力するのが紛争処理のみの解決なら「損害賠償はすべて受注者が当たり、処理解決のみ発注者も協力する」と書かねばならないはずです。

比較4

国土交通省の建築請負契約書

（法定検査）

第十七条

５　第二項及び前項の規定にかかわらず、所定の検査に合格しなかった原因が受注者の責めに帰すことのできない事由によるときは、必要な処置内容につき、発注者、受注者及び監理者が協議して定める。

施主に不利な契約書

所定の検査に合格しなかったが、その修理に過分の費用が認められる場合には受注者の定める金額を支払うことで補修の定めを免れられるものとする。

公平な契約書では「受注者の責めに帰すことのできない事由によるときには（中略）発注者、受注者及び監理者が協議して定める」と決めている内容を、施主に不利な契約書では「受注者の責めに帰すことのできない事由によるとき」を削除し、支払う金額を「受注者が決める」と定義しています。

引き渡しの際には施主検査が行われます。家に不具合が見つかった場合に、業者側が修繕をするのに多額の経費がかかると判断したなら「10万円お支払いしますので、これで補修したことにします」と法外に安い金額が支払われるだけで補修はされないことになります。そんなことが許されていいのでしょうか？　とても不公平で認められない内容です。

比較5

国土交通省の建築請負契約書

（発注者の中止権及び解除権）　解約時の違約金

第二十四条　発注者は、必要があると認めるときは、書面をもって受注者に通知して工事を中止し、又はこの契約を解除することができる。この場合、発注者は、これによって生じる受注者の損害を賠償する。

施主に不利な契約書

発注者は、必要があると認めるときは、書面をもって受注者に通知して工事を中止し、又はこの契約を解除することができる。この場合、発注者は、これによって生じる受注者の損害を賠償すると共に工事請負代金の20%を支払う。

契約後に建築費用をつり上げられるケースが多くみられます。契約前は「大幅な変更や追加工事がない限り、追加料金は発生しません」と言っていたのに、後になって多額の金額を上乗せされたり、あれやこれやとオプションをつけられて予算オーバーするようなケースです。こうなってくると施主側としては「話が違う」と契約を解約したくなります。

そこで簡単に契約を解除させないために、悪徳業者はかかった費用＋契約金額の20％という違約金を課すのです。２０００万円で契約をしたのに、その後３０００万円になった場合、契約を解除しようとすると４００万円の違約金を請求されるというわけです。契約を解除すると多額の違約金がかかるために、金額が上がっても施主はなかなか契約を解約することができなくなり、泣き寝入りすることになります。

つまり、【比較5】で紹介したような文章を契約書に入れている業者は、最初から金額を上げるつもりだと白状しているのも同然です。もし契約書にこんな項目を見つけたら、その住宅メーカーと契約はしないことをお勧めします。

さらにこの項目は「消費者契約法第9条」に違反しているともいえます。施主に不利な契約書に記載されている20％もの違約金は、「当該事業者に生ずべき平均的な損害の額を超えるもの」にあたる可能性があります。

このトラブルに遭ったら、弁護士や消費者センターに相談をすることをお勧めします。どのような契約書であってもそこにサイン・捺印をしてしまったら、素人だけで住宅メーカーを相手に戦うのは至難の業です。

私たちのところに相談に来られたひとの中には、解約違約金として1000万円も要求されたひとや、200万円から300万円という多額の違約金を取られたひとが大勢います。多額の違約金を取られないためにも、契約前に契約書を必ずチェックしてください。

比較6

国土交通省の建築請負契約書

五、支払方法　発注者は請負代金を次のように受注者に支払う。

この契約成立のとき　○割
部分払　第一回　○割
　　　　第二回　○割
完成引渡しのとき　○割
注　○の部分には、例えば、
この契約成立のとき　一割
部分払　第一回　三割
　　　　第二回　三割（又は四割）
完成引渡しのとき　三割（又は二割）」と記述する。

施主に不利な契約書

発注者は上棟前に9割以上を支払うこと。

施工状況に不満があって（粗雑な工事、打ち合わせどおりにできていないなど）、この状態では引き渡しを受けたくない場合、施主ができる最後の対抗策は「残金を支払わないで交渉する」ことです。「○○を直すまではお金を支払わない！」と主張するのです。そのために一般的には建築費用を4回に分けて支払い、完成時に残金の2～3割を支払うのが一般的です。

ところが利益を少しでも多く取ろうと、最初から建築費用に見合わない家を建てるつもりの住宅メーカーは、施主からそのような対抗策を取られることのないように準備をしています。それが「上棟前に9割以上を支払わせる」という方法です。

最後の対抗策は必ず残しておけるよう、契約書にこのような記述がないか、しっかりと確認してください。

以上、6項目において国土交通省の建築請負契約書と施主に不利な契約書を比較しましたが、いかに悪徳業者が契約書を自分たちの都合のいいように作りかえているかがわかっていただけたのではないでしょうか。

03 契約が守られない具体例

詐欺は立証しないと罪に問うことができない

2章の「原因3　悪徳業者でも処罰されない法律の抜け穴とは」で登場したP氏の場合、詐欺では起訴されていませんが、彼らが行った内容はほぼ詐欺といえます。これほどひどい詐欺行為を行っておきながら逮捕されないことに疑問を感じ、このような詐欺の立件について詐欺事件にとても詳しい村上匠《たくみ》弁護士に伺いました。

「詐欺ははじめからだまそうとする考えがあったことを立証しなければならないので、立件はとても難しいのです。初めはなんとかなると思っていたのに、途中からダメになった場合には詐欺にならないので注意が必要です」とのことでした。そのため、警察でも詐欺の起訴については慎重になるようです。

では、実際に契約が守られなかった事例をご紹介します。

親友だからと安心してはいけない

相談者Cさんは、中学校の同窓会に参加し、そこで何十年ぶりかに会った当時の親友が小さな工務店を経営していることを知りました。ちょうどマイホーム建築を考えはじめていたCさんは、工務店を経営している親友に乞《こ》われ、住宅建築の契約をしてしまったそうです。

その工務店は小さいながら何年もの安定した実績があったので、Cさんは安心して契約し、契約時にも親友を信用していたのでそれ相当のお金を支払いました。ところが、契約の直後に親友の工務店は休業してしまったのです。工事はまったく行われず、連絡をしても電話にも出なくなり、途方にくれたCさんから相談を受けました。

Cさんの話では、この親友の工務店はそれまで普通に仕事をしていたそうです。きっと経営状態が良くなかったのでしょう。ちょうどそんな頃に同窓会があり、逃走資金を得るために親友だったCさんをだましたのだと思われます。お金に困っていたとはいえ、相手を大事に思っていたらこんな契約は絶対にしません。私はすぐに知り合いの弁護士さんを紹介しましたが、私には解決の難しい案件だと思われました。

このような契約不履行のトラブルは小さい工務店で多く起こっています。そして「はじめからだまそうと思っていた」ことが立証できないため、解決はほぼ不可能です。たいていは泣き寝入りとなってしまいます。

営業マンの口約束を信頼しない

営業マンの口約束は信頼に値しないと肝に銘じておいてください。これについては、このような事例があります。

ある大手メーカーの営業マンと打ち合わせをしたAさん。その打ち合せのときの営業マンとの会話です。

営業マン「契約していただければ、わが社で建てた家がもし大地震でゆがんだら、建築後何十年経っていても無料で修理に伺います」

Aさん「それはすごい。ではそれを書面に残してください」

営業マン「書面に書くことはできませんが私を信じてください！」

このような口約束が守られると思いますか？　Aさんはあまりの非常識さに言葉を失いました。

営業マンは、契約が欲しいがための曖昧な約束をよく口にします。しかし、決して信じてはいけません。このような口約束は、すべて反故にされると思って間違いありません。本当に遂行する気があるなら、こちらから言わずとも書面に残し契約書に反映させるはずです。

本来なら、民法では口約束も契約と明記されているので履行の義務があります。しかし住宅建築に関しては、守られることは期待できません。営業マンの口約束は、その文言の文章化を絶対条件として営業マンに伝えてください。文章化を断られたなら、この営業マンの口約束は実行されないと思って間違いないですし、この営業マンの住宅メーカーで家を建てるのは考え直したほうがいいでしょう。

被災者に対しても厳しい住宅メーカー

2011年3月11日に発生した東日本大震災で多くのひとが被害を受けました。そうしたひとのために、多くの住宅メーカーが震災復興プランという格安のプランを出して営業しています。この事例は「善意を装ったプラン」にだまされ、被害に遭ってしまったひとの悲しいケースです。

Jさんは石巻市で漁業を営んでいましたが、東日本大震災で命は助かったものの、津波で家と船が流されてしまいました。それで漁業を続けることができず、陸に上がって再建を始めました。Jさんは大手住宅メーカーT社の信頼復興プランを利用して家を建て、これから頑張ろうとご夫婦で決意したそうです。

しかしT社は、契約後に金額が大きくはね上がる会社として業界では有名でした。そして、なんと被災者のJさんに対しても同じように、契約後に金額を吊り上げてきたのです。「毎月の支払いは7万円程度です」という営業マンの言葉を信じて契約したのに、契約後に13万円に上がったと肩を落としておられました。

「被災者に対してもこんなことをするのか……」

私はJさんご夫婦を前に涙がこぼれそうになりました。「震災復興プラン」と聞くと、家を失った被災者のための善意溢れるプランと思い込んでしまいます。しかし、実際にはそういった被災者のためのプランではないこともあります。Jさんがそのいい例です。

04 契約トラブルの防止法

このような契約トラブルに遭わないためにも、契約前にしっかり対策を取っておくことが必要です。そこで、契約トラブルを未然に防ぐための方法をご説明します。

契約書が施主に不利な内容に書き換えられることを防ぐ

契約書が施主に不利な内容に書き換えられているかどうかをチェックするために、本書の巻末付録「合意書」を使ってください。

契約の話し合いをする前に、営業マンにこのシートを見せ、まずはサインをもらうことが契約の話を進める条件であることを伝えます。もしも断られたり、話をはぐらかすようなら別の会社を探してください。サインを断らず、話をはぐらかさない業者を探すのは大変だと思いますが、トラブルを未然に防ぐ一番確実な方法です。

このシートを使って、住宅メーカーに以下のことを約束してもらいます。

- すべての約束事項を文書にして実行する
- 契約前に明細見積書を作成して総建築費がわかるようにする
- 総建築費を後から上げない
- 公平な工事請負契約書を使用する
- 第三者の施工チェックを入れることで欠陥住宅を防ぐ

この5項目を業者に約束させることができれば、不利な契約を交わしてしまうことを避けられます。

トラブルを防ぐため、専門家を利用する

国土交通省が用意している契約書を利用すれば、施主が不利になる契約を結ばされることはまずありません。他にも日本法令発行の工事請負契約書などもお勧めです。不安が残るようなら、契約前に法律の専門家に見てもらうことをお勧めします。経費はかかりますが、後から契約トラブルとなり精神的な苦痛を強いられたり、法外な追加金が発生したり、解約金を要求されたりすることを思えば、そちらのほうがずっと安く済みます。

住宅メーカーの財務状況を調べる方法とは

経営不振のために契約が守られない、というトラブルは、小さい工務店のほうが大手住宅メーカーよりも多く発生しています。そして、この危険を完璧に回避するのはかなり難しいといえます。

都道府県庁にある土木部の建設業閲覧室に行くと、建設業者の決算書や建築棟数を確認することができますし、建てた人からの評判を聞くといった方法もあります。

もっとも信頼できる情報源は、そこで働く職人さんです。もしツテがあれば聞いてみてください。景気が悪い会社は職人の工賃を滞納していたり、職人が頻繁に変わることが多々あります。

また、建築棟数が少ない会社や評判の悪い会社は避けるべきです。経営状態の悪い会社や、社員があまりにも少ない会社も気をつけましょう。売れ残りの建売住宅をたくさん持っている会社は警戒が必要です。

経営に不安のない会社は、担保価値のある不動産を所持している会社です。建築棟数が安定していて、借入金が少なく、職人たちからの信頼が厚い会社も安心です。

5章 欠陥住宅の実例と原因

ふ～…
こんなトラブルがあるなんて知らなかったな
はぁ～…
ええ 住宅のトラブルっていうと本当に欠陥住宅ってイメージしかなかったもの
多くの方がそうなんです
では 次はその「欠陥住宅」についてご説明しますね
ひえ～…
ようやく新居が完成してもまだトラブルの可能性があるなんて…
イヤだなあ…
こわ～っ

でもさ実際テレビでしか見たこと無いわ欠陥住宅って
欠陥住宅の実態!!
ん? そういやそうだ身近では聞いたことないな
ねぇ
そんなにたくさんあるものじゃないんでしょう?
いいえ! 皆さんが考えているよりもはるかに被害者が多く泣き寝入りしている人がたくさんいるんです!
ガタッ
バンッ

01 欠陥住宅とは?

欠陥住宅はいたるところに溢れている

欠陥住宅とは、専門用語で、「瑕疵（かし）」といいますが、一般的には欠陥住宅という言葉が圧倒的に浸透しています。本書でも専門用語ではなく、欠陥住宅と表現します。

欠陥住宅の話は枚挙にいとまがありません。ざっと挙げるだけでもこんなにあります。

- 完成直後に家全体がゆがんだ
- ずさんな工事で家に不具合が山のようにある
- 引渡し後すぐに雨漏りや外壁の変色が始まった
- 東北大震災で家が被害に遭い、壊れてはじめて欠陥がわかった
- 家の基礎が割れて鉄筋が入っていなかった
- 壁が割れて中を見たら、入っているはずの筋交いがなかった

一生に一度の住宅建築なのに、こんな目に遭っているひとが本当に多いのが現実です。極端な話、気がついていないだけで、あなたの周囲にも相当な数の欠陥住宅があるはずです。ひょっとしたら、現在の住まいさえも欠陥住宅かもしれません。

格納スペースのないクローゼット

仙台市のNさんから「自宅が欠陥住宅のようなので検査をお願いできますか?」と相談が入りました。

そこで検査を行ったところ、Nさんの家は明らかに欠陥住宅でした。

- クローゼットを開けてみると収納スペースがない（収納スペースがないクローゼットなど見たことがありません）
- 基礎パッキンが入っていない
- 耐力壁《たいりょくへき》が正しく施工されていない

そのほかにも、Nさんの家には問題がたくさんありました。

Nさんが私たちの作成した報告書を見せて住宅メーカーに抗議すると、工務店の社長は「誰がこんなふざけたことを言ったんだ⁉」と激怒し、自分の責任をまったく認めなかったのです。でもNさんはそれまでの工務店の対応があまりにもひどかったため、譲る気はありませんでした。そのひどい対応とは次のようなものです。

- 明らかな欠陥住宅なのにそれをまったく認めない
- 素人を現場監督として派遣し、途中で失踪したため現場が混乱した
- 工期がまったく守られずズルズル伸びたので、施主自ら手伝いに行ったら、職人の一人がNさんを職人と間違えて「この家はひどいやっつけ仕事だな」と話しかけてきた
- 家に沢山の不具合がある
- 約束どおりにできていない

そこで公開での欠陥住宅検査&見学会を行いました。詳細な検査を行ったところ、Nさんの家に深刻な欠陥がいくつもあることが判明したため、それに基づいて報告書を作り裁

判を起こすことになりました。裁判ではNさん側の完全勝訴の判決となり、Nさんは支払いが済んでいなかった残金で、家の補修をすることができたのです。

保証期間に注意！

ほかにも欠陥住宅の種類は多種多様ありますが、最近は見える部分はきれいに作って、見えない部分は手抜きをするというものが多いように感じます。気づいたときには保証期間が終わっているということもあり得ます。

もちろん、どんな住宅にも「瑕疵《かし》担保責任保証」という保証があります。「瑕疵担保保証」は、民法と品確法（住宅の品質確保の促進等に関する法律）によって定められています。

品確法では、住宅の構造上の主要な部分、または雨漏りの部分に対して、瑕疵担保責任期間が10年と義務づけられており、それ以外の部分は10年より短い保証となります。したがって問題に気づいた時にはすでに保証期間が過ぎているということも珍しくありません。

02 欠陥住宅の具体例

欠陥住宅について、こんな驚くべき調査結果があります。

赤池学《あかいけまなぶ》氏は、著書『世界でいちばん住みたい家』の中で、「ユニバーサルデザイン研究所が分譲住宅を対象に検査を東京近郊で50件、北海道で50件分行った。その現場調査のデータによると100件中、明らかに手抜き、欠陥と認められた家が62件あり（この調査では筋《すじ》交《か》いの少なさや梁《はり》が細いといった点はいわゆる欠陥として扱っていない）、危険度の点では限りなく欠陥に近く耐震性が低いと判断される家は89件あった。実にその9割近くが危険な住宅であるということになる。各工法の中でも共通した問題は重要なはずの基礎そのものの欠陥、手抜きである」と述べています

このほかに、欠陥住宅の権威、岩山健一氏もその著書『欠陥住宅に負けない本』の中で、「東京都内の建売りで木造3階建ての住宅は、おそらく80%が欠陥住宅」と断言しています。岩山氏は、数千棟の検査実績をお持ちの方ですから、その言葉には重みがあります。そこらじゅうに欠陥住宅はあると思ったほうがよさそうです。

とはいうものの、構造の欠陥は、壁などで覆われているために一見わからないのが実情です。実際のところ、欠陥箇所の多くが見えない部分です。地震や長い年数が経過してから露呈するのです。東日本大震災でも多くの家が被害を受けましたが、その際にも数多くの住宅の欠陥が露呈しました。

欠陥住宅のトラブル3つの事例

私たちが遭遇した住宅トラブルのごく一部ですが、次に3つの事例を紹介します。

1．割れた基礎

大手住宅メーカーで家を建てたKさんは、完成後、半年で私どものNPOに相談に来られました。Kさんから手渡された基礎の写真を見ると、完成後半年というのに基礎に何十ヶ所もクラック（ひび割れ）が入っていました。なかには基礎を貫通するほどの深刻なものもあります。その何枚かの写真の中に、特にひどいものがありました。

それは基礎の配筋《はいきん》（鉄筋を組み、コンクリート内に埋め込む骨組みのこと）の写真でした。なんと配筋が真ん中から切れていたり、下半分に配筋がなかったりというずさんな工事です。

Kさんが言うには、「配筋があまりにもひどいので、写真を撮って住宅メーカーに抗議したのですが、住宅メーカーは配筋を直さずにコンクリートを流したのです。その結果、こんなひどいクラックが入ってしまいました」とのこと。

「訴訟をするにはお金がかかるし…」とKさんは頭を抱えています。

2. ゴルフ場のグリーンのような住宅

その家は工務店で建てた家でした。建ててからまだ1年で、無垢《むく》材を多用した一見立派なお宅なのですが2階が傾いていました。そのほかにもたくさんの問題箇所がありましたが、その2階ではなんとゴルフボールが驚く速さで転がり、最後は微妙なアンジュレーションで曲がるほどなのです。「これがグリーンならば面白いコースなのですが…」とは施主の弁。笑うに笑えません。しかしもっと笑えないのは、工務店の態度でした。

このようなひどい家を建てておきながら、クレームをつけても言い訳ばかりで家を見に来ようともしません。それどころか「以前に無料で直すといった箇所ですがお金を請求します。払わない限りクレームは受け付けません」などと言い出す始末。

施主は怒り心頭で告訴も辞さない構えでしたが、「小さい工務店だから、裁判に勝っても支払ってもらえるのかどうかが不安で」ということでした。

3．ベタ基礎の工事をする約束で布基礎を施工された

書類にも「ベタ基礎」（82ページ参照）と記載されており、打ち合せでも「ベタ基礎の施工です」と言っておきながら施工費の安い布基礎（83ページ参照）で施工をしていたケースがあります。この建築を請け負っていたのは、ローコスト住宅の業者です。この業者には首を傾げてしまいます。

基礎工事の方法が違うと知った施主が法律関係に携わるひとと抗議に行くと、工務店の社長は逆に怒鳴りつけて2人を事務所から追い出し、次の日には脅しの電話をかけて残金を全額支払わせたのです。施主は女性だったのですが、「怒らせると怖いので、このままにして工事をお願いするしかありません」とのことでした。

こんな対応をする会社でも、いまだ通常どおり営業をしており、この会社に関連する問題の相談はこのほかにも何件も入っています。

03 なぜ欠陥住宅は生まれるのか

欠陥住宅は下請け構造から生じる

いったいなぜ、このような欠陥住宅ができてしまうのでしょうか？　ここでは欠陥住宅が建てられてしまう原因について説明します。原因を知っておくことで、欠陥住宅を建てられるリスクを回避することができます。

まず、問題の1番目は「下請け構造による無責任になりがちの工事」です。「第2章・原因2」で大手の住宅メーカーが利益をたくさん取らねばならない理由をご説明しましたが、それがそのまま欠陥住宅の原因となっています。

私たちのセミナーに参加した電気工事士がこんなことを言っていました。

「元請けが多額の利益を取っていくので、下請けの受注金額は非常に安いのです。僕らは数をこなさないと生活できません。丁寧な仕事をしていては数がこなせないのです。だから手抜きをなくすなんて無理だと思います」

大手の住宅メーカーは、大部分の工事を下請けの職人に依頼します。ひとつの家を建てるために、大工、防水、屋根、内装、電気、基礎、その他たくさんの職人が入ります。工務店でも自社にいるのは大工だけで、残りの職人はすべて下請けです。住宅メーカーの場合は大工も大部分が下請けです。

これらの職人は、安い賃金で仕事を請け負っており、賃金体系は出来高のため、なるべく早く終わらせようと考えます。そのため、手抜きの工事になってしまうのです。

特にローコスト住宅や、建売などの単価の安い現場の場合は、その傾向が強くなっているといえます。

福岡市で「九州住宅検査システム」の代表を務めている、私が信頼する友人でもある山崎亮一氏は、欠陥住宅の検査と新築時の施工チェックを行っています。彼はこれまで、たくさんの欠陥住宅に向き合ってきました。

その彼がこう断言します。「職人だって人間です。楽をしたいという気持ちは誰にでもある。だからきちんと管理しない限り、欠陥住宅が建てられるリスクは避けられない」

工期がタイト過ぎるため欠陥が生まれる

さらに、短い工期は「手直しをする時間がない」ということも意味しています。よく「わが社は短い工期で家が建ちます」という業者がいますが、それは手直しをする時間が少ないことに加え、資金回収を急いでいることをも意味しているので、注意が必要です。

あるとき大手住宅メーカーの現場監督と話す機会があったので、こんな質問をしてみました。「多いときには何棟くらい担当しますか?」その答えが、「15棟くらいですかね」でした。

「さすが大手住宅メーカーだけあって、たくさんの棟を建てているのだな」と感心され

九州住宅検査システム

http://www.tatemonokensa.com/

私たちNPOハウジングネットと同じく、見積書や契約書のチェックから、施工チェックまで引き受けてくれる数少ないハウスコンサルタントの事業所です。九州全域で活動されています。

ましたか？　いえいえ、よく考えてください。15棟もの建築物件を、すべてきちんと現場管理するのは無理な話です。この現場監督はおそらく、現場を大工さんなどの職人に任せているのでしょう。実際に、現場監督はほとんど来ないという現場も多くみられます。

現場が忙しいときに合わせて現場監督を増やすと、人件費というコストがかかります。このコストをかけないために、一人の現場監督が、きちんと現場管理ができないほどの棟を担当するようなことになっているのです。

住宅メーカーは営業にはお金をかけますが、工事にはそれほど経費をかけません。有名な会社だからということが、必ずしも品質が良いということにはつながっていないのが現状なのです。

チェックが入らなければ必然的に欠陥は生じる

問題の2番目は「第三者のチェック体制が甘い」ということです。あなたは営業マンからこんなセリフを聞いたことはないでしょうか？

「施工、監理をすべて我が社が行いますから安心ですよ」

でもこれは、本当はおかしいことなのです。

監理とは、その仕事がきちんと行われているかどうかをチェックするという意味です。ビルなど住宅以外の一般的な建設では、施工と監理は必ず別の会社が行います。工事を行う会社が自分たちで監理をすれば、いい加減になりかねません。もし建築物に問題点が発見され、それを修復することになれば、新たに費用が発生し会社の利益が減ることになるので、たとえ問題点が発見されたとしてもうやむやにしてしまう可能性があるからです。

こういったことからも、工事と同じ会社が監理をするのでは、厳正な監理ができるとは思えません。

「施工と監理が同じ会社」――これが欠陥住宅を作る大きな原因です。

こうした馴れ合いを防止するため、施主が第三者に施工チェックを依頼するという方法があります。もちろん施工チェックには実費がかかりますし、現場の状況を知らない施主は依頼する必要性を感じていないひとも多いのですが、この方法が欠陥住宅建築を防ぐためには有効なのです。

このように施工と監理が同じ会社で行うことを防ぐために、私たちＮＰＯの建築士が第三者の立場で厳しく現場調査をする施工チェックを行う活動をしていますが、多くの住宅建築会社が外部の検査の受け入れを拒みます。中には「受け入れます」と言って、契約後に約束を無視する会社すらあります。そして、大部分の工事は第三者の目が届かないところで作業が進み、目に触れない箇所は地震でもない限り表に出てこないことになるのです。

住宅瑕疵保険の「2回の外部調査」は不十分

ここで注意していただきたいことがあります。住宅瑕疵保険により2回の外部検査が義務づけられているため、第三者にまでチェックしてもらわなくても大丈夫なのでは…？と思われているかもしれませんが、これではまったく不十分だと申し上げておきます。

指定法人（国の指定を受けた認可法人。指定確認検査機関のこと）による建築検査は、基礎の配筋検査（90ページ参照）と上棟《じょうとう》時の検査の2回のみです。指定法人の建築検査が任意の時代、検査回数は4回でしたが、義務になってから断熱材や外壁、防水などの建築検査がなくなっています。しかし、これらの建築検査は不可欠です。なぜなら断熱材の欠損や防水の施工の不備は、配筋検査や上棟時の検査ではチェックできません。要するに、たった2回の検査では、手抜き工事を見破ることはできないのです。住宅の劣化の大きな理由のひとつである水分の侵入を防止するためのチェックは必要不可欠です。

欠陥が露見しても解決は難しい

問題の3番目は、「仮に家に不具合が見つかっても、修復の話し合いが決裂した場合、問題の解決は難しいという現状」です。その場合、たいていは「泣き寝入り」になっています。

住宅紛争処理支援センター「住宅相談と紛争処理の状況」のレポートでは、調停などが成立したのは全体の54％となっています。

修復の話し合いが決裂したら、裁判しかありません。そうなると原告（施主）が現場の瑕疵（欠陥）を立証しなければならず、建築士に依頼して過失の証拠を集め、弁護士に依頼することになりますが、その時点で数百万

公益財団法人　住宅リフォーム／住宅紛争処理支援センター

https://www.chord.or.jp/tokei/pdf/chord_report2015.pdf

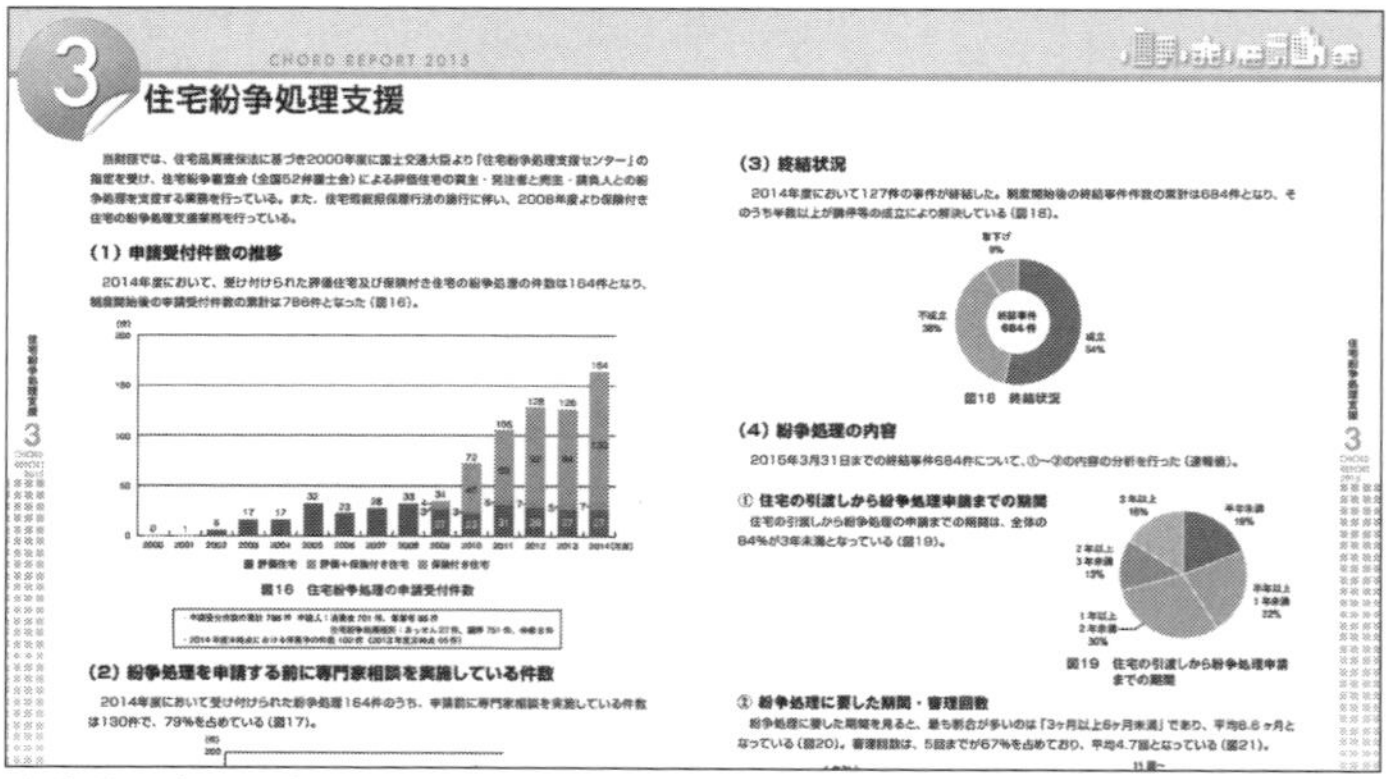

3 CHORD REPORT 2015

住宅紛争処理支援

(1) 申請受付件数の推移

図16　住宅紛争処理の申請受付件数

(2) 紛争処理を申請する前に専門家相談を実施している件数

(3) 終結状況

図18　終結状況

(4) 紛争処理の内容

① 住宅の引渡しから紛争処理申請までの期間

図19　住宅の引渡しから紛争処理申請までの期間

② 紛争処理に要した期間・審理回数

完成後の家屋で欠陥が判明しても、調停などで解決できたのは54％。ただし、解決できたすべての施主が、全面的に満足していません。

円の費用がかかります。もちろんハウスメーカーからも同様に弁護士が出てきます。そしてハウスメーカーの多くは、裁判で負けると最高裁まで持ち込む傾向があります。このやり方は、施主の裁判費用が切れて続行をあきらめるのを待っているかのようにも思えます。

こういったことから、残念ながら完全勝訴が少ないのが実状です。ときどき大手メーカーを相手に告訴をして最高裁で勝利したひとのニュースが出ますが、これは裁判費用も、精神的にもかなりのご苦労をされながら戦った結果です。しかしたいていは、そこまで裁判で戦い続けることは困難ですから、訴訟をあきらめて泣き寝入りせざるを得なくなってしまうのです。

また、これまで何度も申し上げたとおり、住宅建築に関する法律は非常に甘いのが現状です。規制する法律はあっても、罰則がない法律がたくさんあります。そのため欠陥住宅やアフターサービスの手抜きで、会社自体が処罰されることはほとんどありません。

以上、欠陥住宅の原因として挙げた大きな3つの理由からもわかるように、欠陥住宅や住宅トラブルは、業者の大小を問わずどこでも起こり得ます。そこで消費者は、安易に住宅メーカーを信用することなく、賢く行動することが必要となってくるのです。

04

欠陥住宅の防止法

実際に家を建ててから、我が家が欠陥住宅だ」ったという人はたくさんいます。このような悲劇を防ぐためには「施工チェック」しかありません。「保証より確認」なのです。

施工チェックを行う

ご自身の家を欠陥住宅にしないためにも、以下の3つのことを認識・実行されることを強くお勧めします。

保証より、正しい施工のほうがはるかに大事だと認識しましょう

- これは鉄則です。保証は、確実ではありません。不確かな保証より、正しい施工がされていることが何よりも大事です。そのために必ず施工チェックを行ってください。

自分の眼で施工を確認しましょう

● 一生に一度の大事な家です。業者任せにせず、自分でも確認しましょう。専門家に説明してもらいながら、自分の眼で確認することに勝る安心はありません。

施工チェックは建築初期の2回では不十分。全工程で施工チェックしましょう

● 正しい施工がされているかの確認は、2回だけではなく、何回も施工のチェックを行うことが必要です。

施工の知識がないのなら「プロ」を雇おう

ちなみに、私たちは宮城県内で施工チェックを行っています。施工チェックは、専門の技術スタッフが最低6回の厳しい施工チェックを行い、どこのメーカー、FC、工務店の施工に対しても同様に対応しています。

もしあなたが他県でしたら、その地区の建築士に依頼するのがよいでしょう。ご自分でチェックすることも可能ですが、やはり専門家に依頼するのが一番確実で安心です。

何をどうすれば手抜きになるのか、この工法や手順は正しいのかなどは、建築に知識がなければわかるはずもありません。

私たちＮＰＯ法人ハウジングネットの場合、仙台市からお伺いできる範囲内で、15万円から18万円（税別）で6回の検査を行っています。ちなみに見積書と契約書のチェックは、週末の個別相談で無料で行っています。

第3章で紹介した「明細見積書」のチェックや契約時の契約内容については、一般的な社会人の知識を備えていれば、本書を読みながら対応することもできるかと思います。ただし、施工のチェックだけは、プロに任せたほうがいいと思います。もちろん、建築に関しての知識があれば、ご自身でチェックして

筆者が信頼する施工検査機関

● NPO 法人ハウジングネットコンシェルジュ
http://www.npo-jp.org/

●株式会社日本建築検査研究所
http://www.kensa-firm.com/

●有限会社 カノム
http://www.ie-kensa.com/

●九州住宅検査システム
http://www.tatemonokensa.com/

も問題ありません。しかし、あまり張り切って施工をチェックしようとすると、現場の職人に嫌われ、わざと手抜きをされることも心配しなくてはなりません。どこまでをプロに頼るか、じっくりと検討してみてください。

トラブルは防げる！

これまで実際に起こった事例を挙げて、住宅建築のトラブルがどのようにして起こるのかを説明してきました。トラブルに遭った施主の心痛を思うと、絶対に自分はこのようなトラブルに遭いたくはないと思われたことでしょう。

そこで以降では、このようなトラブルに遭わないための防止方法をご紹介します。見積トラブル、契約トラブル、欠陥住宅を防ぐ基本の方法ともいえます。

その方法とは、巻末に掲載している「資料　安心な家の建て方」の手順どおりに、合意書と公平な契約書を用いて契約までを進めることです。この資料に書かれていることを実現しようと実際に住宅メーカーを回ると、このやり方を受け入れてくれない会社が多数を占めると思います

何度もいいますが、私がお勧めする方法は「法律どおりの正当な要求」です。

この方法を実行する前に、ひとつだけ心に決めてほしいことがあります。それは合意シートへのサインを断られたら、その会社を諦めてすぐにその場を去ると固く決意することです。この決意は、あなたの「私の家は、私のために建てるもので、住宅メーカーの都合で建てるものではない」という意思なのです。あなたは、誰のためにあなたの家を建てるのですか?

もしかすると合意書にサインをしてくれる会社を辛抱強く探さねばならないかもしれません。大変な作業かもしれませんが、強い決意を持って頑張ってください。そうすれば必ず良心的な住宅メーカーを選ぶことができるでしょう。

じつは、宮城県でも多くの会社がこのやり方に同意しません。しかし、少数ながらこの合意書にサインする会社があることも事実なのです。あなたの地域でもそういう会社を探してください。そしてそんな会社が見つかって満足できる家が建てられたら、その会社をぜひ私にも教えてください。

info@npo-jp.org まで情報をいただければ幸いです。

05 安心な家の建て方

それでは最後に、「見積り」「契約」「施工」という3大トラブルをすべて回避する「安心な家の建て方」について解説します。

1. 総予算をあらかじめ決めておく

まずFP（ファイナンシャル・プランナー）のアドバイスなどを参考に、全体の予算を決めます。

家の価格はどうしても上がりがちになりますから、上限をキッチリ決めておくことが大切です。そうしないと後で支払いが困難になり、経済的に破綻する可能性も否めません。

2. 商談をする住宅業者から合意書にサインをもらう

家の予算と同時に、自分たちが住む家の外観や価格、工法などを決めます。それを可能にする良心的で経営の安定している住宅メーカーと商談します。業者選びに関しては、本書の6章「良い住宅業者を選ぶ方法」をお読みください。宮城県にお住まいの方は、私たちが行っている無料の個別相談においでいただくことも可能です。

まず商談に入る前に次ページの「安心な家の建て方」を見せて、この方法で家を建てたい旨を話します。そして巻末付録の「合意書」にサインをもらいます。もしサインを断られたらその会社に長居をせず、すぐに別の会社を探しましょう。

3．不動産屋に土地探しの依頼をする

土地探しは、不動産部門を持っている住宅メーカーに相談するか、住宅メーカーと不動産屋を同時に回るのがよいでしょう。住宅メーカーに不動産屋を紹介してもらう手もあります。土地を決める前には、必ず住宅メーカーに土地を見てもらいましょう。なぜなら、土地を紹介した不動産屋はあなたが建てたい家がどのようなものか、また駐車場があなたの意図しているところに配置できるかなどの詳細について何も知らないからです。家には斜線制限、建ぺい率、容積率などの法律があるために、希望の場所に配置できないことがあるのです。

そして希望の土地が見つかったら、あなたの考えている家や駐車場が土地に入るかどう

安心な家の建て方

FPと相談し予算を決める

↓

商談をする住宅業者から合意書にサインを貰う

↓

不動産屋に土地探しの依頼をする

↓

家の間取り、外観、庭を考える

↓

土地を決める

↓

銀行の仮審査（土地と家の仮見積書が必要）

↓

土地契約（決済まで2,3ヶ月）

↓

プラン、仕様、建築金額の確定

↓

建築請負契約（これ以降は解約違約金が発生）

↓

融資申し込み

かを住宅メーカーに見てもらいましょう。

このときにひとつ気をつけたいことがあります。それは、住宅メーカーが土地探しに絡んでいると、その住宅メーカーから家を買わなければならない雰囲気になってしまうのです。営業マンから「土地を紹介したのだから、うちで契約をしてもらわないと困ります」と言われて困ったというケースもあります。

住宅メーカーの持っている建築条件付きの土地を購入するのであれば、その会社で建てる必要がありますが、単に仲介の土地を世話しただけで、そうした縛りが出るのはおかしなことです。それを防止するために合意書の7条を設けています。

第7条　乙は土地の紹介および助言等をしても条件付き土地ではない限り、相見積りを受け入れること。

これにサインをもらっていれば、土地を紹介してもらった住宅メーカーで家を建てなければいけない、という心配は不要になります（土地をすでにお持ちの場合にはこの節の3、5、7は不要です）。

4. 家の間取り、外観、庭を考える

土地を探しながら住宅メーカーと家の間取り、外観、庭などを考えます。もちろん土地が決まっていないので確定間取りは作れませんから、おおよその外観、間取りになります。今までの住宅メーカーのやり方ならこの段階で契約を勧められますが、合意書を締結しているとそうした状況に陥らないで済みます。

これをある程度決めておけば、土地が見つかったときにすぐに家、駐車場、庭などの配置をすることができます。

5. 土地を決める

希望の土地に家、駐車場、庭などの配置が可能なことがわかればそこを買うことを決めます。といっても、すぐに契約をするのではなく、不動産購入申込書を書くのが一般的です。

不動産購入申込書とは、購入の申し込み意思を示して加入希望価格を提示する用紙です。これを出すと優先権が与えられ、ほかのひとに買われることを一定期間防ぐことができま

す。費用はかかりませんし、購入申し込み撤回も可能です。

これまでに紹介した事例のように、ここでも決して「仮契約書」という名の書類にサイン・捺印をしないよう注意してください。

6. 銀行の仮審査を行う

住宅メーカーから家の仮見積書をもらいます。それと土地の資料を併せて銀行に仮審査を依頼します。一般的には数日から1週間で結果が出ます。

7. 土地の契約

銀行の仮審査が通ったら土地の契約をします。

この時点では、土地の手付金のみを支払います。残金の支払いは2～3ヶ月後となります（契約書に記載されます）。

8. プランの確定、仕様の確定、建築金額の確定、明細見積書の確認

ここから住宅メーカーとの契約に向けての詰めが始ります。合意書に記されたとおりに

明細見積書、図面をもらいます。これによって住宅の仕様、総建築費を確定させます。

詳細見積書とプラン図が出てきたら、できればそれを専門家に見てもらいましょう。第三者の目で客観的に書類の内容を確認してもらえば安心です。特に難しいのが、見積書のチェックです。

- 契約段階から引き渡し時までの総額が記載されているか
- 付帯工事などは、別途費用になっていないか
- 指定した追加工事も入っているか
- 不必要な作業内容や意味不明な明細項目が入っていないか
- 設備関係で無名品や二流品などが使用されていないか、安全な構造か
- 過ごしやすい間取りか、デザインは良いか
- 値段は適正か、コスト削減できるところはないか
- 型番がちゃんと記載されているか
- 型番は入れてあるが、「○○と同等品です」と書いていないか
- 明らかに価格が高くないか

- 棚や網戸、クローゼットの扉など、一般的にあるべき項目がちゃんと入っているか
- お客さんでも相場がわかる部分の価格は安く出して、相場がわからない部分の価格を上げていないか
- 地盤改良の保証書代など、計上できない項目が記載されていないか
- 天井までの高さを低くしたり、基礎高を低くしたりして安く見せかけていないか

などなど、住宅メーカーはいろいろな手を使って利益を上げようとしてきますのでチェックをしっかりしてください。きちんとした明細見積書と図面を出して、まっとうな商売をする会社は少数派だということを念頭に置いてください。

きちんとした明細見積書と図面を入手することが、正しい家づくりの必須条件であることは間違いありません。

難しいのは、誰に見積書を見てもらうかということです。第1章「なぜ私たちだけが解説できるのか?」でもご説明しましたが、見積書のチェックはお金にならない上に、住宅メーカーに睨まれかねませんから、行っている機関は少ないのです。

例えば公益財団法人住宅リフォーム紛争処理支援センターでも新築・リフォームの相談

に応じていますが、見積チェックだけの依頼はリフォームのときだけ応じてくれますが、新築の場合は見積チェックは行っていません。日本建築士事務所協会連合会にも問い合わせてみましたが、そうしたサービスを行っているところはないと言われました。宮城県の土木部にも問い合わせましたが、明確な答えはありませんでした。

少数ですが、インターネットで「住宅　見積　チェック」で検索すると、見積のチェックを行っているサイトがあるようなので、そうしたところを捜すか、知り合いの建築士、大工さんなどに相談するのもひとつの手です。

国土交通省　民間建設工事標準請負契約約款（乙）

http://www.mlit.go.jp/totikensangyo/const/1_6_bt_000092.html

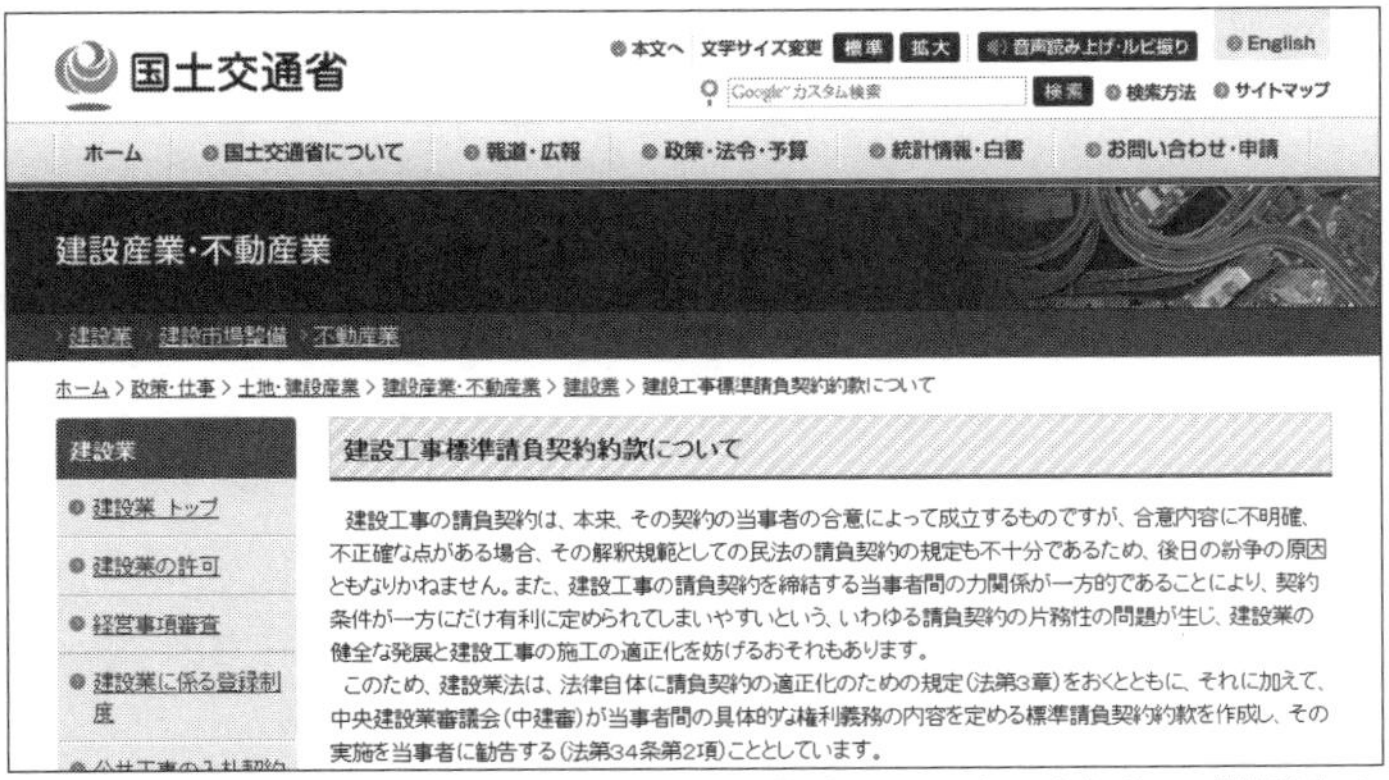

一般的な戸建て住宅を建てる際、建築業者と施主が取り交わす契約の「基準」ともいうべき、もっともスタンダードな契約内容のひな形がダウンロードできます。

9. 建築請負契約

いよいよ建築請負契約を行います。契約書は先に述べた合意書どおりに公平な契約書を使えれば安心です。

10. 融資の申込と実行

契約書に基づいて銀行に融資を申し込み、土地の残金を決済します。

11. 工事の着工、完成、引き渡し

いよいよ工事がスタートします。問題のない工事が行われていることを確認してください。第三者の専門家にチェックを依頼できればさらに安心です。施工のチェックに自信がなければ、必ずプロに依頼することです。

6章

安全に、安くて良い家を建てる方法

色々と見てきたけど
こうしたことをあらかじめ
知っておけばいいんだな
NPOハウジングネットさんに
教えてもらって最初は不安ばかり
だったけど　色々と知れたら
最初の「家を建てるワクワク」が
戻ってきたよ
うん
これを知らなきゃ
「建てた後」とんでもない
ことになってたかも
知れない
それどころか
お金だけ失ってた
可能性だって・・・
よし！
それじゃこの
知識を踏まえて
新居の計画を・・・
待った！

え
ええ!?
あせ、
せっかくここまで知っていただいたんですから次は・・・
これ以上何があるの!?
ひえ〜〜っ
にこっ
おふたりの希望通りの家を建てるコツをぜひ知ってください!
それは是非知りたい!
ホッ

01

住宅会社の選び方

安くて良い家を建てる方法とは

これまで、さまざまな住宅建築に関するトラブルを書いてきました。ここまで読んでいただいた方は、見積りトラブル・契約トラブル・欠陥住宅トラブルの「住宅に関する3つのトラブル」を防ぐことができるようになっているはずです。トラブルを防ぐ知識を得た次は、「あなたが希望する予算で、あなたが希望する家を建てるために、どのような住宅会社を選べばいいのか?」という問題について解説いたしましょう。

私がオススメするのは、次の2つの手順です。

1．自分にあった業者カテゴリー（大手住宅メーカー・ローコストメーカー・工務店）を選ぶ。

2．そのカテゴリーの中で最善の業者を選ぶ。

日本国内で戸建ての住宅を建築しようとする場合、ほとんどのひとが「大手住宅メーカー」「ローコストメーカー」「工務店」のいずれかと契約を結んでいます。したがって、この3種類の住宅メーカーの中から、最善の業者を選ぶコツがわかれば、より安く、より安全に、より快適に家を建てることができるはずです。

大手住宅メーカーにせよ、ローコストメーカー、また工務店にせよ、それぞれ長所（得意なこと）と短所（できないこと）がありますが、営業マンは断られるのが怖いために、自分のところの短所を説明しないことがあります。そのためにミスマッチになって、施主が痛い思いをすることもあります。

どんな住宅建築会社でも、すべての希望を満たしてくれることはなかなかありませんが、その中でも自分にあった良い業者を選ぶことが重要です。

良い業者とは、第一に良心的で、かつ評判が良く、設計士や現場監督もしっかりしていて、良い職人がいるところです。また実績もあり、施主の評判もよく、経営状態も良い会社で、あなたの大切な家を建てるべきなのです。

そんな会社を探すのは大変だと思われるかも知れませんが、一生懸命に探せば、必ず努力するだけの価値があることは保証します。

これから述べることは多少辛口かもしれませんが、皆さんは住宅メーカーの営業マンから良い話だけをたくさん聞かされると思います。それらとこの本の内容を照らし合せれば、きっと客観的に判断することができることでしょう。その一方で一生に一度の家を建てるという希望に浮足立ってしまい、営業マンの上手い話術で夢だけを膨らませてしまうひとが非常に多いのも現実です。そのような場面でも、この本を読んでいたことによって常に客観的に判断できるようになっていて欲しいと願っています。

ではここから、業者カテゴリーについてご説明いたします。

02 大手住宅メーカーの特徴と選び方

大手住宅メーカーとは

大手住宅メーカーとは、総合住宅展示場にモデルハウスを持ち、テレビなどのマスコミに大々的にCMを打っているような大きな住宅会社のことです。

大手住宅メーカー・有名工務店の最大の特徴は便利さと、なんといってもそのブランド力です。営業マンもいろいろな意味でしっかりしているので、頼もしく思うことでしょう。住宅の品質も一定の水準はありますから、安心感があります。見積りと契約のトラブルさえ回避できれば、もっとも無難な選択肢といえます。

大手住宅メーカーは、広告宣伝費や営業経費、会社経費が高い分、それだけ世間に向けて自社の宣伝ができるので認知度が抜群に高いのです。また、住宅展示場があるので見学にも行きやすく、実際に展示場でモデルルームを見ることで、どのような家を建てるかというイメージが湧きやすいということが特徴です。

知っておきたい大手住宅メーカーに関する知識

「大手住宅メーカーは、大量に家を建築しているので逆に安くなる」という説がありますが、それは正しくありません。「住宅メーカー」といいますが、他業種でいうメーカーとは同じ意味ではないのです。

一般的なメーカーとは、工場などで製造をしている会社を指します。ところが多くの住宅メーカーと言われる会社は、建材メーカー・キッチンメーカーなどの一般的な製造メーカーから材料を購入して、下請けの職人に依頼して現場で工事をさせているだけなのです。

このように住宅メーカーは製造メーカーではないので、材料から職人まで、住宅建築に必要なほとんどの要素を外注に出すことになるために、結果的に住宅価格が高くなります。大手住宅メーカーで建てる際には、他のローコスト住宅メーカーや工務店よりも、金額がかなり高くなることを覚悟しましょう。

大手住宅メーカーの品質は本当に高いのか?

次に、一般にあまり知られていない点として「大手住宅メーカーの住宅は質が高くない」

といわれています。この点についてご説明します。

「質の高い家」というのは、「高い技術」と「良い材料」で建てられた家である、と定義したとします。

大手住宅メーカーでは同じ規格の住宅がたくさん建てられます。もちろん同じ規格の家なら、同じ質の家であると想像されることでしょう。ところが、その家を作る職人たちの技術力にばらつきがあります。簡単に言うと、腕の良い大工も、それほどでもない大工もいるということです。したがって、同じ規格の家であっても、同じ質の家ではないということです。

大手住宅メーカーが住宅の質を均一にするためには、材料の品質を均一にし、腕の悪い職人でも建てられるような、簡単な工法にするしかありません（軽量鉄骨の家では、構造部分などは工場で作ることで品質を均一にしています）。これが、規格も質も同じ家をたくさん建てる、住宅の大量生産ということです。

ただし、過去の実績からみると、大手住宅メーカーの建築は、高いレベルで均一化されているとはとても言い難いのが現状です。どの大手住宅メーカーも、決して家は長持ちしていません。一番の問題は住宅価格が高いことと、それに伴う見積トラブルが多いということです。

失敗しない大手住宅メーカーの選び方

では、失敗しない大手住宅メーカーの選び方はどのようにしたら良いのかを解説していきます。その特徴でもある大手住宅メーカーの長所・短所の両面からみることである程度判断材料になると思います。

住宅メーカーの長所

- 提案力があるので、希望を言うと具体的な提案をしてくれる
- 住宅の品質は一定水準以上で安心感がある
- 展示場があるのでイメージが湧きやすい
- ブランドなので他人に自慢できる
- 愛想の良い営業マンが、提案・見積り・銀行の交渉などをやってくれるので楽
- 欠陥住宅などで負けを認めれば、きちんと対応してくれる
- 第三者の施工チェックを受け入れる可能性が最も高い

大手住宅メーカーの短所

- 営業経費、広告宣伝費、展示場代がかかるため、最終的な金額はどうしても高くなる
- 住宅の質は一定水準であるが、そのレベルは決して高くはない
- 注文住宅でも間取り、材料などの自由度は低い

以上のことから、大手住宅メーカーは、お金に余裕があり、家にこだわりがあまりなく、手間をかけないでそこそこの家ができれば良いというひと、またブランド志向のひとに向いています。

反対に、家にこだわりを持つひと、自分の自由な希望を叶えたいひと、コスト削減を希望するひとには、大手住宅メーカーは不向きといえます。

03 ローコストメーカーの特徴と選び方

ローコストメーカーとは

ローコストメーカーとは、安い坪単価を提示して営業をしている会社で、大手住宅メーカーと同様に展示場を持っていますが、独自のノウハウで建築コストを削減しています。

ローコストメーカーには、「ローコスト住宅メーカー」と「ローコスト・フランチャイズ」の2種類があります。ローコスト住宅メーカーは、大手住宅メーカーと同様に全国展開をしており、ローコスト・フランチャイズは地域の工務店がFCに加盟して、営業ノウハウや住宅の価格を下げるノウハウと看板を借りて営業をしています。

ローコストメーカーも、大手住宅メーカーのように、広告宣伝を行い、展示場も持っていますが、原価を下げているためか住宅の価格はかなり安くなります。その点が大手住宅メーカーとは違うところです。

もっとも坪25万円などどいううたい文句で営業しているところもありますが、契約後に金額が上がり、工務店と同じか若干安い程度になることが多いようです。

知っておきたいローコストメーカーに関する知識

ローコストメーカーは、全国組織で行っている大きな会社と、ローコスト・フランチャイズに加盟した工務店レベルの小さい地場の会社との2つに分けられます。

大手ローコスト住宅会社は、前ページにも書いたように大手住宅メーカーに近いものがありますが、材質などのコストを削減することによって大手住宅メーカーに比べ単価が安くなっています。住宅の構造は、大手住宅メーカーとは違って軽量鉄骨などは使いません。またローコストメーカーでは第三者の施工チェックを受け入れるところは少数派ですが、後述する工務店よりは受け入れる確率が高いです。

会社の規模が小さいローコストメーカーほど、第三者の施工チェックを受け入れる確率は下がります。

ローコストメーカーの見積りは、最初に提示してくる本体価格の坪単価がとても安く設定されているのが一般的ですが、契約後に出てくるオプション工事を加えると坪単価はかなり上がることになります。安い坪単価の広告を出していても、最終的には一般の工務店の注文住宅と変わりない値段か、若干安い程度になることが多いようです。

ローコストメーカーが提示する価格は、坪単価は安いのですが、実は総額は安くならないトリックがあります。次に述べる点に注意してください。

坪単価が安くても総額が安くならないトリック

1．ローコストメーカーの多くは、坪単価を算出する際、延べ床面積ではなく施工面積で坪単価を計算しています。すると、バルコニーや吹き抜けまで施工面積に加えられるので、見かけ上の坪単価は安くなるのです。

2．「メーターモジュール」で床面積を計算している。これは1間（畳の長い方の長さ）を１８２０㎝から２０００㎝にすることです。この方法で計算すると6畳が7・2畳の広さになります。つまり面積が約2割増しになることになります。例えば一般的な４ＬＤＫで延べ床面積36坪の尺モジュールの間取りが、メーターモジュールにしただけで43・2坪、さらに施工面積は46坪になります。このように坪単価は安くなりますが、総額にすると思ったより高くなりがちです。

3．大手住宅メーカーと同じく、明細見積書を出さない。付帯工事や照明、網戸などがオプション扱いになり、契約後に金額が上がるというトリックもよく使われます。

以上の3つのことに注意し、坪単価が安いと思って安易に契約せず、よく見極めましょう。

次に、ローコストメーカーはどのようにして原価を下げているかという点について見ていきます。それは以下の3つの方法が考えられます。

●1　材料を安いものにする

建材を大量に仕入れ、請け負ったすべての建築で同じものを使用してコストを下げます。そのため選択肢が少なくなりますが、これ自体は悪いことではありません。

施主はキッチンやお風呂などにはよく目がいくので、目につきやすいところは見栄えのする良いものを使用します。しかし構造材、建材、サッシ、外壁材など、目立たない部分は安物にするケースが見られます。これに関しては会社によって考え方がかなり違うので、契約前の明細見積書と図面を出してもらい判断するしかありません。

●2 職人の単価を安くする

ローコストメーカーでは、職人の単価が大手住宅メーカーや工務店よりも安い傾向にあります。熟練した腕のいい職人はそれなりの工賃がかかるため、人件費を圧縮すると、使うことができません。その結果、賃金が安い腕の未熟な職人が仕事をすることになります。

●3 材料と作業の手間を少なくする

住宅建築で、必要不可欠と思われる作業の手間を省略する例が、これに当てはまります。驚くことに、家の要ともいえる基礎工事部分の手間を省略していることすらあります。広告ではキッチンや風呂などの豪華な装備ばかりに目がいきますが、ローコスト住宅のやり方を注意深くチェックしていると、いろいろなことが省略されていることに気づきます。

また、短い時間で工事が進むように様々な工夫をしている会社もあります。ある会社は土木工事の工期を半分以下にまで抑えています。これ自体は決して悪いことではなく、生産性を上げるための企業努力と捉えることもできますが、施工は現場の職人が行うため、時間がかけられないとミス工事の手直しなどもできないケースにならないかと心配になります。さらに賃金が安いということは、仕事に時間をかけられないということを意味するので、施主にしてみれば、仕事を丁寧にしてくれているのか不安になるでしょう。

大勢のひとがＣＭイメージと値段でローコスト住宅を安易に選んでいます。誤解しないでいただきたいのは、私は決してローコスト住宅すべてが悪いと申し上げているわけではありません。ただ安いには安いだけの理由があり、それをきちんと知った上で契約することをお勧めしたいのです。

戸建住宅の平均単価表（2014年度）
住宅産業新聞　(2015/6/11付)

会社名	平均単価（万円）	平均床面積（坪）	平均坪単価（万円）
三井ホーム	3,820	41.7	91.6
住友林業	3,580	40.2	89.0
旭化成ホームズ	3,091	36.7	84.3
積水ハウス	3,566	42.4	84.0
大和ハウス	3,270	40.2	81.3
積水化学工業	3,030	38.1	79.6
パナホーム	3,405	42.9	79.4
トヨタホーム	2,737	37.7	72.6
ミサワホーム	2,677	37.2	72.0
ヤマダ・エスバイエル	2,630	39.3	66.9

坪単価は、建坪が小さくなると上がり、大きくなると下がります。

失敗しないローコストメーカーの選び方

では、失敗しないローコストメーカーの選び方はどのようにしたら良いのかを解説していきます。その特徴でもある大手ローコストメーカーと、フランチャイズ・ローコストメーカーの2通りの長所・短所の両面からみることである程度の判断材料になると思います。

ローコスト住宅メーカーの長所

- 価格は大手住宅メーカーに比べて安く、工務店に比べると同じか若干安い程度
- 展示場があるのでイメージが湧きやすい。

ローコスト住宅メーカーの短所

- 坪単価が安く見えても、費用の総額はそれほど安くなっていない
- 住宅の質は一定水準であるが、そのレベルは決して高くはない
- 注文住宅でも間取り、材料などの自由度は低い

ローコスト・フランチャイズの長所

●元は工務店だが、看板と営業ノウハウがあるので安心感がある
●価格や規格が統一されているためにわかりやすい
●大手住宅メーカーや大手ローコスト住宅メーカーに比べれば、価格は割安感がある

ローコスト・フランチャイズの短所

●FCに加盟したことで工務店の独自性が発揮されなくなる
●経営状況が安定しているか、事前の調査が必須となる
●施工チェックを嫌がるケースが多いので、事前の確認が必須となる

以上のことから、ローコストメーカーを選ぶのに適していると思われるひとは、家のコストを抑えたいひと、家に大きなこだわりがないひと、展示場で住宅のイメージを確認したいひとです。反対に、凝った作りの家を求める人には不向きと思われます。

価格が安い方に目が向くのは自然なことですが、安い理由を確認するのもとても大事な

ことです。その理由を知らないままに家を建ててしまうと、後からこんなはずじゃなかったと後悔することになりかねません。

04 工務店の特徴と選び方

工務店とは

工務店とは、社長が大工や建築士ということが多い地域密着型の小規模住宅メーカーのことです。展示場を持たない会社が多く、広告宣伝も控えめで、着工棟数も少ないところが大半です。

広告宣伝費などの間接費が少ない分、住宅の価格は安くなる傾向があります。

知っておきたい工務店に関する知識

小規模工務店は、小さいながらの機動力と細やかな対応が魅力ですが、工務店ごとに技術力の差がかなりあります。つまり、工務店は「玉石混交」なのです。

依頼した工務店のどこが良くて、どこが悪いのかを見極めるのは、実際に家が完成するまではわからないことが多く難しいです。

工務店ごとに技術力に差がありますが「質が高くて価格が安い可能性がある」ということが特徴として挙げられます。工務店では、広告宣伝費、営業経費が少ない分、価格が安くなることが期待できます。また腕の良い大工さんと良い建築士がいる場合は、凝った作りやデザインも期待できます。

気心の知れた地場の工務店があれば、コミュニケーションも取りやすく、何かトラブルがあってもすぐ駆けつけてくれるかもしれません。名より実を取るタイプのひとにお勧めの方法です。

しかし小規模工務店には、いくつかの問題点があります。

まず1つ目は、小規模工務店は大部分が第三者の施工チェックを受け入れたがらない、ということです。ほとんどの大手住宅メーカーが受け入れるのとは対照的です。その理由は次のように、いくつか考えられます。

- 住宅の技術や法令は日々進歩しているが、そうした進歩に追いつけないでいる
- 他人に自分の仕事を批評されることへのプライドが許さない

- 瑕疵が見つかった場合には修理のための費用を捻出することがむずかしいという経営状態の工務店もある
- 職人の技術力の低さを心配している

これらの考えられる理由を見ると、依頼することが不安になると思いますが、第三者の施工チェックを受け入れる工務店を選ぶことで不安は解消されるでしょう。そうした工務店であれば右記のような心配をする必要がなくなるからです。

2つ目の問題は、工務店が抱えるさまざまな「不足している部分」です。小規模の工務店の従業員は数名程度のことが多いのですが、その仕事には設計・施工・監理はもとより、間取りや外観・内観の提案、積算管理、工程管理、職人管理、アフターサービス体制、営業体制などたくさんあります。そして、この多数の仕事のすべてをきちんと行える工務店は限られています。つまり外観がカッコ悪かったり、営業や提案が不満であったり、現場監督からの説明がなかったり、という可能性もありがちだということです。どんな家ができるかをきちんと理解することが重要なのですが、小規模工務店に依頼する場合、展示場もないので難しいです。

３つ目の問題は経営状態です。小規模の工務店は営業力が弱いことが多く、経営状態が厳しい会社もあります。借金がかさんでいると、返済に資金が使われてしまうかもしれません。また建築を依頼した工務店が倒産してしまうと、アフターサービスもなくなります。

以上の「技術に大きな開きがある」「工務店では不足している部分が多い」「経営状態が不安定」という、この３つが小規模工務店のリスクなのです。

失敗しない工務店の選び方

では、失敗しない工務店の選び方はどのようにしたら良いのかを解説していきます。その特徴でもある工務店の長所・短所の両面からみることで、ある程度の判断材料になると思います。

工務店の長所

- 建築費が安い可能性がある
- 地元の工務店であれば、長いおつき合いができる可能性がある
- 大手住宅メーカーやローコストメーカーより、クオリティの高い家が建てられる可能性は高い

工務店の短所

- 技術、実績、値段などの質が工務店によってバラバラ
- 提案力が不足、施主の積極的な関わり合いが設計の段階から必要になる
- 新しい工法やデザインに適応できない場合が多い
- 経営状況の確認は必須。資金が回らないと工事が止まることもある
- 展示場がないので家のイメージが湧きにくい
- 営業マンがいないので窓口がなく、何かと手間がかかる
- 第三者の施工チェックを受け入れないことが多い

以上のことから、工務店を選ぶのに適していると思われるひとは、不自由なことが多少あっても気にしないひとと、自分で業者を選択できるひとです。反対に、ブランドが大事なひと、自分で調査をしたくないひとや面倒なことが嫌いなひとには不向きと思われます。

結論として「良い工務店に当たると最高ですが、ひどいところに当たると致命的」だということです。そして小規模工務店に依頼する場合は、良い業者選びが極めて重要なことといえるでしょう。適当に選ぶのは危険です。

経営の安定した地場の工務店に依頼し、第三者の施工チェックを受け入れてもらうことができればベストの選択ともいえると思います。

05 長持ちする家が建てにくい、これだけの理由

あなたの家が30年でダメになるかも？　事実が物語る過去の実績

ある大手住宅メーカーで、1978年頃まで作られ続けていたプレハブ住宅があります。ほかとは違う近代的な外観で人気になり、全国で爆発的に売れました。私が高校生の頃にたくさん見たものです。あなたも、もしかすると記憶にあるかもしれませんね。

このプレハブ住宅は、最後に建てられた家はまだ築36年くらいのはずです。ところが現在ではほとんど残っておらず、もう随分前から見なくなっています。つまりプレハブ住宅は、短期間で取り壊されていった、ということです。メーカー名やモデル名はここには出しませんが、現実の話です。

100年持つ家は幻想？

またこんな例もあります。かつて大手住宅メーカーの営業をしていた鳥巣《とりす》正樹《まさき》氏は、そ

の著書『なぜ、多重債務者がベンツに乗れるのか？』の中で「営業をしていた時には、会社から木造住宅は20年で建て替えるものと言われていました」と内情を暴露しています。これは一部のハウスメーカーが謳っている「百年住宅」という言葉に対するものです。

こうした体質でこれまで運営されてきた会社が、１００年持つ家を建てられる会社にいきなり変わるというのは無理があるのではないか、と私は思うのです。あなたはどう思われますか？

長持ちする家を建てるためには

建ててからローン返済以降まで長持ちする家を建てるための方法はあります。それには、施主が２つの事実について知っておく必要があります。あなたが長持ちする素晴らしい家を建てたいのなら、この２つのことを覚えておいてください。

● 水が漏れないよう、良い材料にて良い施工を行う

家がダメになる一番の要因は、水漏れから起こることが多いのです。水の侵入があると、確実に家の寿命は短くなります。

例えば昔の家では、風呂場のタイルの目地から水が落ちることがよくありました。現在でも同じですが下の大引《おおび》き（土台の木材）が水で濡れると、その木材が湿気を含むため、シロアリがやってきて大引きがぼろぼろになります。また家の屋根から雨漏りすることもありますし、外壁の施工が下手で水が入ることもあります。そのほかにも、シーリングから水が入る、断熱材に隙間があって結露する、壁の通気層の施工の不備で結露するなど、水はいろいろな原因で入ってくる可能性があります。いくら数字上の性能が良くても、このような原因で水が入るようなことが起これば、元も子もありません。だから水が家に悪影響を及ぼさないように、手を尽くす必要があります。対処法としては次の4点を実施することです。施工をきちんと行うと同時に、施工チェックをしっかりと行いましょう。

水漏れを防ぐ4つの施術

- 結露を防止するため断熱材を隙間なく入れて、結露しない施工をする
- 雨漏り対策をしっかり行う
- ベタ基礎は、下から湿気が上がってこないという点で布基礎に勝る
- 通気層、シーリング、防水テープの施工も正しく行う

●修繕しやすい家を建てる

私がお勧めする工法は、無垢の構造材を使った在来工法です。

在来工法は、もっともリフォームしやすい工法といえます。ツーバイフォーや軽量鉄骨に比べてはるかに修繕しやすいので、増築や改築も視野に入れて家を建てることができます。

『大改造!!劇的ビフォーアフター』(テレビ朝日系列)というリフォームの番組がありますが、よく見てみるとほぼすべてが無垢の構造材を使った在来工法であることがわかります。

また、在来工法は非常に長持ちします。無垢材で作る在来工法の構造は日本の気候に合っており、水に気をつければ50年は持つといわれています。私たちの経験に照らし合わせてみても、在来工法で建てられた家屋は飛び抜けて寿命が長いことは疑いようもありません。

在来工法はいいことだらけ?

在来工法は、重量鉄骨や軽量鉄骨に比べ価格が安く、コストパフォーマンスとのバランスが良いといえます。また、無垢材を使うと肌触りや香りが良く、化学物質もないため、人の体にも優しく住みやすくなります。

さらに、大工や建築士が自分の家を建てる場合、その多くが在来工法を選びます。あなたも知人に住宅関係者がいたら、どうやって自宅を建てたか、どんな家を勧めるかを聞いてみてください。

その人との付き合いが単なる知り合い程度の関係者ならば自社の家などを勧めるでしょうが、もしあなたの親友か親戚であれば、別の話が聞けるはずです。おそらく在来工法を勧めることでしょう。

在来工法にもリスクがある

さて、このようにメリットの多い在来工法ですが、リスクもあります。

在来工法による施工は、誰にでもできるわけではありません。大工の技量が必要なのです。ツーバイフォーなどに比べて手間がかかり、技術の良し悪しが出やすい工法ですから、必ず腕の良い大工に依頼しなければなりません。

軽量鉄骨は工場で作られるので品質は一定ですが、この面でも在来工法はリスクがあります。在来工法を下手な大工に依頼すれば欠陥住宅になりかねない、というリスクです。

もうひとつ、工期が確実に長くなります。着工から半年近くかかるため、梅雨の時期や年末年始など、施主が避けたい期間を見極めて着工する必要も出てきます。

また、メンテナンスがしやすい反面、こまめなメンテナンスが必要なのも在来工法です。無垢の木は温度や湿度によって膨張・伸縮を繰り返すので、この点でもメンテナンスが必要になる場合があります。

06 住宅のプロが自宅を建てる方法

住宅のプロはこのようにして自宅を建てている

住宅のプロは、自分たちの自宅を一般的には難しいといえる「安くて良い家を建てる方法」で建てています。なぜ彼らは「安くて良い家」を建てることができているのでしょうか？　ここでは、住宅のプロたち（建築士や現場監督などの技術職）が、どのようにして自宅を建てているのかを解説します。

住宅のプロたちが自宅の建築を依頼するのは、付き合いがあり信頼できる小さい工務店です。自分が大手住宅メーカーに在籍していたとしても、自分の会社で建てるとは限りません。それよりも知り合いの小さい下請けの工務店や職人に直接依頼します。彼らは信頼できる腕の良い職人たちとわかって依頼しますから質の高い家が建ちますし、これまでの仕事の実績を知っているので安心して自宅の工事を任せられます。また、その付き合いから建築途中で逃げたりもしません。

家の建築工法は無垢の木を使った在来工法が多く、明細見積書を契約前に必ずもらい、工事内容とかかる費用も確認しています。施主が住宅メーカーの社員などの場合、職人は手を抜くようなことは絶対にできません。あたり前ですが、そんなことをすれば今後仕事の依頼がなくなる可能性があることをわかっているからです。

「プロの作法」はいたってシンプル

このやり方なら、小規模の工務店のリスクをすべて取り去ることができます。広告宣伝費、営業経費、会社経費などがかからずに、実際の費用だけで家が建てられるわけです。

私はこれが理想的な家の建て方だと思います。

- 腕が良く、信頼できる経営状態の良い小さい工務店を知っている、あるいは教えてもらう
- その工務店や職人と信頼関係を保っている
- 明細見積書、公平な契約書、第三者の施工チェックを使う
- 彼らとの付き合い方（心構え）をわきまえる

たったこれだけなのです。

昔は家を建てるとき、信頼できる腕の良い近所の大工に依頼しました。大工も評判が悪くなれば仕事がなくなるので、まじめに仕事をしたことでしょう。評判だけで仕事の依頼がありますから、宣伝など必要ありません。かかる費用は材料代と工賃だけです。本来、これがあるべき姿なのではないかと思います。

今では人のつながりが希薄なため、住宅業界のひと以外は、この住宅のプロが使う方法を使えません。昔のように住宅メーカーを客観的に評価して消費者とつなげる仕組みが、今こそ必要ではないかと私は考えます。

打ち合わせを始める前に業者と合意書を締結する

打ち合わせをする業者が決まったら、巻末付録に用意した合意書を見せ、サインするよう求めてください。

161ページの「安心な建て方」の流れを見せて、これと同じ流れで契約を進めたい旨を伝えます。

この合意書を交わすことによって、打ち合わせ時のトラブルの大部分を解消することができます。打ち合わせを始める前に、担当の営業マンでもかまいませんから会社名と署名もしくは捺印をもらってください。

甲）は施主さんの名前が入ります。

乙）は業者さんの名前を入れてください。

この合意書に基づいて、打ち合わせ→見積提示→契約→着工と進めていきます。簡単なフォーマットですが、効果は抜群です。この合意書にサインさせてから話を進めれば、以下のトラブルを防ぐことができます。

- 営業マンの口約束のトラブルの防止
- 契約後に値段が上がるトラブルの回避
- 施主に不利な契約内容の回避
- 欠陥住宅の回避
- 価格の妥当性、使用材料の妥当性の調査が可能この合意書に、なんだかんだとケチをつけてサインしない営業マンもいるかと思います。これにサインをすると「だましのテクニック」が使えなくなるので、利益が減ることになりますから、当然の対応かもしれません。サインを渋るような業者と話をしても時間の無駄です。さっさと別の業者を探しましょう。良心的でまじめな業者のひとなら、きっと何のためらいもなくサインをしてくれるはずです。

会社選択チェックシート

調査方法　土木部建設業閲覧室

□　経営状態　（経営状態、借金額、売上高など）

□　価格　（最終金額が予算内に収まるか）

□　建築実績

調査方法　社長や営業マンの面接

□　契約方法　（合意書どおりに契約が進められるか？）

□　家の特長　（デザイン、断熱材、造作、工法は希望が叶えられるか）

□　建築実績

□　経営方針

調査方法　施主さんへの聞き取り

□　施主の評判（満足度、アフターサービスなど）

調査方法　信用調査会社（帝国データバンクなど）

□　経営状態　（経営状態、借金額、売上高など）

合意書

合　意　書

甲）　　　　　　　　　　　　　　と　乙）
　　　　　　　　　　　　　　　　は甲の住宅建築における打ち合わせ、見積提示、契約などの進めかたを下記のとおり合意した。
両者とも誠意を持って合意事項を厳守すること。甲乙のどちらかが合意に違反した場合、もう一方はその契約行為を無効とすることができる。

第１条　乙は打ち合わせにおいて、すべての約束事項を文書にして甲に提出し実行すること。口約束は禁止する。
第２条　乙はその見積において住むまでにかかる総建築費と使用部材を工事費内訳明細書および仕様書、図面にて明示すること。
第３条　契約は本体工事、付帯工事、オプション工事などをすべて含めた総工事費の見積書を提出した後、本体工事・付帯工事の一括契約とすること。
第４条　総予算は甲の予算に極力納めること。契約後の金額の追加は甲が特別に希望した場合のみとし、その場合も発注書または契約書を必ず作成する。
第５条　契約は甲が指定する工事請負契約書を使用すること。それ以外は無効。
第６条　乙は工事中いつでも甲の指定した第三者の施工チェックを受け入れ、問題を指摘された際はすべて指示に従うこと。
第７条　乙は土地の紹介および助言等をしても条件付き土地ではない限り、相見積もりを受け入れること。

年　　月　　日

甲）　住所

氏　名　　　　　　　　　印

乙）　住所

会社名

氏名　　　　　　　　　　　　　　印

おわりに

一般の消費者が考えるほど、多くの住宅業者は良心的ではありません。このことは、相談者から話を聞けば聞くほどよくわかります。それと同時に、はじめて家を購入する施主さんが素晴らしい家を手に入れるためには、正しい情報とサポートが絶対に必要であることも、この仕事をしながら切実に、痛感しています。

私たちは家を建てる施主さんたちをサポートするため、相談者や住宅関係者、公的機関などから情報を集め続けました。すでに13年が経過しましたが、住宅問題の情報に関しては、ほぼすべてを網羅できたと自負しています。

- 悪徳業者が使う法律の抜け穴
- 見積書、契約書の正しい読み方
- 悪徳業者が契約後に価格をつり上げる手口
- 悪徳業者が使う不平等な契約書

●欠陥住宅ができる理由

●業者の評判

●ローコストメーカーの裏事情

●土地探しから家の完成までのトラブルを避ける正しい手順

●長持ちする家を建てる方法

●営業マンが言わない各工法の長所と短所

●欠陥住宅の実例と防ぐ方法

●正しい見積書の例

●良心的な業者を選ぶ方法

●安くて良い家を建てる方法

●宮城県の住宅事情

さらに家を建てる人が得する情報も手に入りました。

●良い家を安く建てるためにアメリカで採用されている仕組み

- 住宅ローンの保証金を下げる交渉術
- 職人や業者の社員が自宅を建てる時に使う裏ワザなど

これらの情報は、誰もが目を丸くして驚く、実際に役立つ情報です。みなさんが喜んでくれるので、私たちもやりがいを感じます。

現在、私たちのＮＰＯでは２つの活動を行っております。１つは週末に行われる無料の個別相談。もう１つは第三者の施工チェックです（実費のみいただいております）。

個別相談の時間は約２時間で、次のような内容でさせていただいております。

- 家を建てる人へのアドバイス
- 契約前の契約書、見積書のチェック
- 施工チェックのご説明
- 欠陥住宅や契約トラブルに遭った場合のお手伝い
- 住宅会社の評判や実績の説明

この個別相談では、今までに約2000人のお手伝いをさせていただきました。なによりも多くの施主さんに喜ばれていることが私たちの勲章なのです。

何百棟もトラブルのない家づくりのお手伝いができたことがなによりの喜びです。

この活動を通してたくさんの友人ができたのもとても嬉しいことです。私の団地だけでも5家族の住宅建築のお手伝いをさせていただきました。そのひとたちとは、今でも町内会活動や運動会などでご一緒させていただいており、よいお付き合いをさせていただいています。

なお、私たちのNPOでは、大勢のお役に立ちたい気持ちを強く持ってはおりますが、自分たちの限界を考え、宮城県内限定で活動しています。

謝辞

最後までお読みいただき心から感謝申し上げます。

家づくりを考え始めたひと向けに、なるべくわかりやすく書いたつもりではありますが、建築や法律などの専門用語などむずかしい点もあったと思います。しかし書いた内容はこれから家を建てるひとにはきっと役に立つと確信しています。

13年間、週末に相談をお受けしてきました。建築士スタッフは現場で検査に明け暮れました。相談にきた方にずっと寄り添ってきました。労力はかかりましたが、楽しい時間でした。東日本大震災の時には誰もが大変な思いをしましたが、がんばりました。

そのおかげでたくさんのひとと知り合うことが出来ました。友人が増えましたし、年賀状も増えました。

何より多くのひとに喜んでいただけたことが喜びです。さらにこの本の出版で全国のみなさんのお役に立てるというのは嬉しいことです。あなたとお目にかかることはないかもしれませんが、あなたにお伝えできて本当に光栄です。

本書を読んでトラブルのない楽しい家づくりをしていただければ幸いです。

最後に、この本は株式会社ケイズパートナーの山田稔さんとの出会いがなければ完成しませんでした。深く感謝申し上げます。そして編集の串田真洋さんにもご支援いただきました。弁護士の村上匠先生には監修いただき感謝申し上げます。

この本を読んでくださった皆さんが良い家を建てられますように。そして全国にいる良心的な住宅会社や職人さんが周りから高く評価され、ますます繁栄しますように。

2015年12月　佐々木　孝

【法人プロフィール】

NPO法人ハウジングネットコンシェルジュ
宮城県仙台市泉区長命ヶ丘３－２７－３　オメガコートビル101号
電話　　022-343-1261
ＨＰ　　http://www.npo-jp.org/
メール　info@npo-jp.org

活動内容

１．個別相談
　週末の土日に無料の個別相談
　内容　住宅建築の相談。見積書、契約書のチェック。欠陥住宅などのトラブル相談

２．第三者施工チェック
　内容　住宅建築に5回の施工チェック

2002年　NPO法人ハウジングネットコンシェルジュを設立
2003年　宮城県庁主催　県庁職員向け　住宅建築セミナー講師
2005年　欠陥住宅を公開検査。テレビ・新聞報道される
2006年　茨城県庁主催　消費者セミナー講師
2009年　フジテレビスーパーニュースの特集で20分間放映される
　　　　悪徳業者を突き止め、被害者と一緒に追求した。
2011年　国土交通省から「バリアフリー改修体制整備プロジェクト」認定
　　　　震災復興のために個別相談を強化する
2015年　マンション傾斜問題でフジテレビ出演

週末の個別相談を13年間行い、2,000名の相談、400棟の検査を行う
その他、新聞報道多数。宮城県でのＴＶ出演も３回。リフォーム特集、悪徳業者の報道など

誰も教えてくれない
マイホーム建築の罠

著者紹介
佐々木 孝（さささき たかし）
NPO 法人ハウジングネットコンシェルジュ　代表理事

ホームページ
http://www.npo-jp.org

2016年 1 月 1 日　第 1 刷
2019年 9 月20日　第 3 刷

著　者　　佐々木 孝
編集・制作　ケイズプロダクション
発行者　　籠宮良治
発行所　　太陽出版
東京都文京区本郷4-1-14　〒113-0033
TEL 03（3814）0471　FAX 03（3814）2366
http://www.taiyoshuppan.net/
E-mail info@taiyoshuppan.net

ISBN978-4-88469-864-5